Credit Management et Credit-Scoring

Dans la même collection

(extraits)

dirigée par Yves Simon

1. Simon Yves, *Les marchés dérivés – Origine et développement.*
2. Tchemeni Emmanuel, *L'évaluation des entreprises.*
6. Simon Yves, *Les marchés à terme de taux d'intérêt.*
8. Gresse Carole, *Les entreprises en difficulté.*
10. Mourgues Nathalie, *Le choix des investissements dans l'entreprise.*
12. Mourgues Nathalie, *L'évaluation des investissements.*
13. Ginglinger Edith et Hasquenoph Jean-Marie, *Mathématiques financières.*
16. Guimard Anne, *La communication financière.*
17. Batsch Laurent, *Le diagnostic financier.*
20. Chollet Pierre, *Les bons de souscription d'actions.*
22. Perrier Arnaud et Scacchi Raphaëlle, *Les stratégies anti-OPA.*
23. Hamon Jacques, *Marchés d'actions.*
24. Retout Jean-Paul, *Les titres subordonnés.*
25. Daloz Jean-Pierre et Martin Maryse, *Stratégies pour la gestion du risque de taux.*
28. Lamy Pierre, *Les bourses de valeurs.*
29. Grimbert David, Mordacq Pierre et Tchemeni Emmanuel, *Les marchés émergents.*

Credit Management et Credit-Scoring

Nicolas VAN PRAAG

Préface de
Jean-Louis DAVID

ECONOMICA
49, rue Héricart, 75015 Paris

REMERCIEMENTS

Je tiens à remercier Madame Carole Messeca, avocate spécialisée en droit des affaires, Madame Claudia Veyres, mathématicienne, ainsi que Messieurs Pierre Lemonnier et Pascal Casnedi de la banque SNVB (Société Nancéienne Varin Bernier) de m'avoir fourni divers renseignements relatifs à certains des points abordés dans cet ouvrage.

Egalement, je tiens à remercier tout particulièrement Monsieur Jean-Louis David, Secrétaire général de l'Association Française des Directeurs et Chefs de Crédit d'avoir accepté de préfacer ce livre.

PRÉFACE

Lorsque Nicolas Van Praag m'a présenté son projet d'ouvrage sur le credit management, j'ai tout de suite été séduit par la pertinence de ses observations et par son esprit de synthèse. Comment expliquer de façon simple cette fonction qui existe dans toutes les entreprises, à des degrés divers de développement, qui fait appel à de nombreux domaines de compétence et qui peut freiner ou favoriser le développement de l'entreprise ? A la lecture de ses travaux, je salue un livre clair, plaisant, qui donne une vision générale et qui positionne le credit management à la place qu'il mérite car les enjeux qu'il représente sont considérables.

Trop souvent ceux qui ont écrit sur ce sujet et même encore de nombreux chefs d'entreprises considèrent le credit management comme un simple ensemble de techniques et de pratiques financières et juridiques qui sont mises en place pour contenir le risque client et résoudre les problèmes d'impayés. Or s'il est vrai que le credit management nécessite d'acquérir des connaissances dans ces domaines, sa véritable efficacité naît d'une démarche volontariste qui consiste à l'intégrer dans la dynamique commerciale de l'entreprise tout en préservant son esprit critique.

Dès lors le credit management permettra d'optimiser la marge de l'entreprise et de maîtriser le risque clients. Le credit manager (qui conduit la politique de credit management de l'entreprise) pourra jouer pleinement son rôle d'arbitre entre les ambitions de croissance et les impératifs de sécurisation financière et ne sera plus « l'empêcheur de vendre en rond » ou le « responsable du recouvrement ».

Pour remplir cette mission « diplomatique », le credit manager dispose d'outils au service des techniques précédemment évoquées. Ceux-ci sont choisis en fonction des particularités de l'entreprise, du secteur d'activité, du nombre de clients, de l'importance des engagements accordés... et aussi en fonction de la politique crédit acceptée par le chef d'entreprise. Pour qu'il soit efficace, le credit management doit être personnalisé à l'entreprise et les outils utilisés doivent lui correspondre. C'est ainsi que le credit-scoring, dont l'auteur nous fait découvrir une formule personnelle originale qui prend en compte des données chiffrées (objectives) et des données subjectives, s'applique dans tous les cas de figure. C'est en fonction de l'importance des décisions à prendre (en matière de risque) qu'une valeur plus ou moins grande lui sera accordée. En tout état de cause, le credit-scoring reste parmi d'autres un outil précieux d'aide à la décision.

Si vous aviez à retenir une idée à la lecture de cet ouvrage, je vous conseillerai celle-ci : dès qu'une entreprise quelle que soit sa taille accorde un délai de paiement à un client, elle fait du crédit. Si chaque acteur dans l'entreprise en prend conscience, c'est un grand pas qui sera franchi vers la « professionnalisation » du credit interentreprises. Plus celui-ci sera « professionnalisé », meilleure sera la santé de nos entreprises et plus les échanges commerciaux seront sains.

Jean-Louis DAVID

Secrétaire Général de l'Association Française des Directeurs et Chefs de Crédit

INTRODUCTION

Le credit management n'est pas à proprement parler une fonction nouvelle. Quel créancier ne s'est jamais inquiétié du sort de sa créance, fut-elle à priori solide ? Le seul fait de s'en préoccuper est déjà constitutif d'un comportement de credit manager. Le commerce n'est pleinement réalisé que dans le cas où le débiteur s'est bien acquitté, en temps voulu, de l'obligation qu'il a de régler le montant exact de sa dette.

Mais, il est bien évident, surtout en période crise, où le rythme des défaillances d'entreprises a tendance à s'accélérer, que cette fonction « naturelle » devient une fonction essentielle quant à la sécurité financière des affaires, indispensable à toute activité économique.

La profession de credit manager existe aux Etats-Unis depuis plusieurs dizaines d'années, mais elle n'est véritablement apparue en Europe qu'au début des années 1970. Les premiers postes de credit manager virent d'abord le jour au sein des grandes multinationales. Aujourd'hui, même si toutes les entreprises susceptibles de créer un poste de credit manager ne l'ont pas encore fait, il est permis de considérer que cette fonction est en voie de généralisation. L'action de promotion et d'information menée par l'Association Française des Directeurs et Chefs de Crédit, regroupant les acteurs impliqués dans l'activité d'octroi de crédits (dans une acception large), facilita sensiblement la diffusion des techniques nécessaires à son extension.

L'explosion du crédit interentreprises est une des raisons majeures du développement de la profession de credit manager. Celui-ci est la principale composante du financement à court terme des entreprises. Il convient d'insister sur le fait qu'on peut l'estimer à environ 1 500 milliards de francs, soit presque trois fois plus que l'ensemble des crédits à court terme octroyés par les banques, lesquelles disposent d'ailleurs de moyens d'information sans commune mesure avec ceux dont jouissent les credit managers.

Désormais, le credit management est devenu une fonction indispensable. Le credit manager, s'il assure diverses fonctions selon le degré de division des tâches existant dans l'organisation, a pour mission principale d'assurer la prévention (jamais infaillible) du premier risque financier (le second est essentiellement le risque de change) induit par l'activité commerciale : le risque de non-paiement.

Cette mission est à considérer au sens large. En effet, si le credit manager s'intéresse en priorité à la santé financière de ses clients, il ne doit pas négliger de s'intéresser à celle de ses fournisseurs. Dans le cas où une entreprise verse une avance sur commande, il va de soi qu'elle est, tant que celle-ci n'est pas livrée, en position risquée. La défaillance d'un fournisseur seul capable de répondre à un besoin spécifique de l'entreprise est susceptible de générer des pertes importantes, compte tenu du temps souvent nécessaire à la recherche d'une autre source d'approvisionnement.

Cette action de prévention, qui lui donne un pouvoir certain dans l'entreprise, celui de refuser la réalisation de telle ou telle opération commerciale – fut-elle absolument nécessaire au goût des responsables commerciaux – est parfois difficile à mener, pour deux raisons majeures. La première est qu'il ne dispose pas toujours d'une information suffisante et fiable, ce qui l'oblige à formuler des hypothèses de risques qu'il peut difficilement justifier. C'est un homme dont le rôle est d'anticiper, or toute prévision est par nature discutable. La deuxième, corollaire de la précédente, est qu'il a parfois beaucoup de difficultés à faire accepter ses décisions de refus d'octroi de crédit. Il devient en quelque sorte, pour certains, « l'ennemi » des affaires de l'entreprise.

Son premier rôle est de faire comprendre à tous l'importance capitale de son action. Le credit manager doit sans cesse développer des moyens d'information suffisants. Il s'en « nourrit » quotidiennement. Pour cela il est amené à utiliser des bases de données, divers fichiers (ceux qu'il a créés lui-même ou d'autres) et doit organiser le traitement ces informations.

Parmi les outils qu'il utilise, le credit-scoring tient souvent une place de choix. Il s'agit d'une méthode de détection et de quantification du risque de défaillance. Les caractéristiques (financières et non financières) de chaque entreprise à analyser sont intégrées dans une fonction nommée fonction score aboutissant généralement à un résultat chiffré représentant un certain niveau de risque. Plusieurs méthodes existent, mais l'important est que celle utilisée corresponde précisément au secteur dans lequel évoluent les partenaires commerciaux de l'entreprise. Si plusieurs secteurs sont concernés, on parle de credit-scoring multisectoriel. Bien entendu, nous verrons que l'outil que constitue le credit-scoring, comme toute méthode, présente certaines limites qu'il faut connaître.

A cette action de prévention, selon nous primordiale, vient souvent s'ajouter une action curative. Celle-ci est généralement assurée par le credit manager, mais il arrive qu'elle soit effectuée par une entreprise extérieure. Elle consiste en la mise en place de procédures de recouvrement de créances visant à intervenir directement auprès du débiteur afin qu'il exécute son obligation.

L'essentiel de cet ouvrage traite du credit management en tant que fonction préventive. Il décrit et analyse le rôle du credit manager, sa place dans l'organisation, son réel pouvoir, ainsi que les outils qu'il doit développer. Cet ouvrage propose une méthode simple de credit-scoring multi-sectoriel, intégrant des données quantitatives (basées sur l'analyse financière) et qualitatives (critères non financiers). En effet, le credit-scoring, pour être plus fiable, doit intégrer de nouveaux critères, en plus des critères strictement financiers. Mais, si performant soit-il, il doit rester un élément d'appréciation du risque, parmi d'autres. *In fine*, c'est à l'homme credit manager que revient le choix décisionnel. Et dans cette tâche difficile, il est souvent seul.

Ce livre offre enfin un éclairage sur les autres techniques de gestion du poste clients que sont notamment l'affacturage et l'assurance-crédit, ainsi que sur les principaux aspects du recouvrement de créances.

CHAPITRE I

Le credit management

L'explosion du crédit interentreprises, sur ce point se reporter à l'annexe 1, constitué des crédits que s'accordent les entreprises parfois sans le vouloir vraiment – c'est d'ailleurs le centre du problème, est un phénomène relativement récent. En effet, payer rapidement ses créanciers fut très longtemps une pratique courante de la vie des affaires. La France fait désormais partie des pays où les délais de règlement sont assez longs. Est-ce l'Etat, qui paye lui-même ses fournisseurs dans des délais parfois inconvenants, ou la perte du sens des responsabilités des chefs d'entreprises qui explique ce dérapage ? Sans doute, ces deux raisons à la fois.

Mais cette situation ne serait pas si dramatique si dans le même temps la santé financière des entreprises, notamment en France, ne s'était pas dégradée. L'insuffisance de leurs fonds propres, que tous les observateurs financiers considèrent comme structurelle, est un lourd handicap qui fragilise leur équilibre.

Ainsi, à la moindre défaillance d'une partie de la chaîne des affaires (relations fournisseurs-clients) de nombreuses faillites peuvent apparaître. Le credit management est né de cette constatation.

1. Evolution et définitions du credit management

Vers la fin du 19e siècle, c'est aux Etats-Unis, comme très souvent en matière financière, que sont apparus les premiers credit managers. Bien entendu, cela ne signifie pas qu'auparavant les responsables financiers d'entreprises ne se souciaient pas de la qualité de leurs créances, mais l'existence de cadres entièrement dédiés à cette tâche ne semblait pas nécessaire.

Il a fallu attendre le milieu des années 70, en Europe, pour que les premiers postes de credit managers soient créés. Assez vite, leur nombre alla grandissant et encore aujourd'hui, en 1995, la population des credit managers connaît une progression sensible. La profession ne se stabilisera sans doute que lorsque le taux de défaillance des entreprises sera en régression...

1.1. L'histoire du credit management

1.1.1. Les premières agences de renseignement commercial

Même si le credit management se différencie de la recherche d'informations commerciales, en ce sens qu'il recouvre un domaine bien plus étendu, il convient de rappeler que les premières agences de renseignements virent le jour en Europe au cours de la décade 1830-1840. Leur objet était de qualifier le crédit qu'il était possible d'accorder à telle ou telle signature, en fonction de sa réputation et de la surface financière qu'elle représentait.

Ce n'est qu'en 1841, aux Etats-Unis, que la première agence de renseignements structurée apparaît « The Mercantile Agency », créée par Lewis Tappan. Plus tard cette affaire prit le nom de Dun & Bradstreet.

Aux Pays Bas, se créa en 1862 la Compagnie Wys Muller. La même année, Dun & Bradstreet s'installe en France. En 1895, la ville de Lyon voit naître la société André Piguet. Toutes ces sociétés existent encore, ce qui en dit long sur la nature et l'importance des besoins auxquels elles répondent...

Mais la recherche de renseignements n'est qu'une partie du credit management. Celui-ci n'apparut réellement qu'à la fin du 19e siècle. En effet, l'idée selon laquelle toute action d'analyse de la santé financière d'un partenaire commercial ne pouvait être réalisée objectivement qu'à la condition qu'elle soit menée par une personne non impliquée dans la transaction en question, était très répandue.

1.1.2. Les premiers credit managers

Dès le début des années 1900, aux Etats-Unis, les premiers postes de credit managers apparaissent. Il a fallu attendre 43 ans pour que la fonction traverse l'Atlantique et parvienne jusqu'en Angleterre. En France, ça n'est qu'en 1970, année de la création de l'Association Française des Directeurs et Chefs de Crédit que les premiers credit managers entrent en action. Bien entendu, cela ne signifie pas qu'auparavant la fonction de credit management n'était pas assurée. Celle-ci pouvait l'être, mais elle était le fait d'autres acteurs (responsables comptables, directeurs financiers...) et sans doute de manière moins systématique.

En France, les premiers credit managers sont chez Honeyvell Bull, Kodak, Du Pont de Nemours, Gilette. Mais beaucoup de ces sociétés étaient américaines. L'Oréal fut une des premières grandes entreprises françaises à suivre cette tendance. Bien d'autres suivirent.

On en compte aujourd'hui environ 1 500 en France. Un chiffre en forte progression mais encore faible comparé aux 3 000 credit managers outre-Manche (évaluation approximative, dans la mesure où en Angleterre l'appellation « credit manager » concerne aussi les directeurs des engagements des banques).

1.2. Définitions

1.2.1. Approche fonctionnelle

Le credit management est la gestion du risque inhérent à l'activité commerciale de l'entreprise ; précisément, le risque de défaillance de ses partenaires commerciaux, clients ou fournisseurs. D'autres risques naissent aussi de l'activité commerciale, le risque de change et éventuellement le risque de taux (pour les banques notamment) mais ces deux derniers risques ne concernent pas le credit management.

La fonction du credit manager est donc de gérer des risques. Le verbe « gérer » prend ici son sens le plus fort. Le credit manager doit en effet « arbitrer » après avoir défini et fait valider des règles tenant justement au degré de risque que souhaite prendre ou ne pas prendre l'organisation dans ses relations avec les tiers. Sa fonction est donc celle d'un arbitre indépendant, soucieux à la fois de la sécurité financière de l'organisation et de sa non moins vitale réussite commerciale, sans jamais sacrifier ni l'une, ni l'autre. Et tout l'art du credit management réside dans la gestion de ce difficile équilibre.

1.2.2. Approche opérationnelle

Sur le plan opérationnel, le credit management constitue la gestion d'un ensemble d'informations instables et plus ou moins fiables. Le credit manager opère donc à l'aide de données qui en apparence sont rationnelles et indiscutables (notamment les comptes de l'entreprise à analyser) mais qui en réalité présentent un caractère discutable en ce sens qu'elles émanent directement de l'entreprise dont on cherche à qualifier la santé. Par ailleurs ces données ont une valeur qui décroît extrêmement vite avec le temps.

Le credit manager est donc un « consommateur » d'informations très vite périssables. Et la qualité de son travail est fonction de la justesse de l'interprétation qu'il en fera.

Recherche d'informations, appréciation de leur signification, et décision sont donc les trois actions fondamentales du credit manager.

2. La fonction de credit management

Compte tenu des définitions qui précèdent, il semble clair que le rôle du credit manager est fondamental en ce qu'il permet à l'organisation de mieux « contrôler » les défaillances de ses partenaires. Mais ce contrôle ne s'opère pas toujours sans difficulté. Parfois, le reste de l'entreprise (y compris certains cadres de haut niveau) comprend parfois assez mal la tâche du credit manager. Ce dernier semble au centre d'une sorte de « conflit » plus ou moins ouvert où se heurteraient souci de rentabilité et désir de croissance. Cette opposition n'est pas nouvelle, chaque financier d'entreprise en connaît les causes et les conséquences. Elle rappelle tout à fait la dissension plus ou moins vive qui peut exister entre l'actionnariat, soucieux de la rentabilité des capitaux qu'il a investis, et les managers non actionnaires dont l'objectif souvent prioritaire est l'ampleur de leur pouvoir et donc généralement la croissance de l'entreprise et ce, souvent au détriment de sa rentabilité financière.

En ce sens, l'action de gestion des risques commerciaux revêt un caractère éminemment stratégique. Elle participe bien de la réalisation des objectifs de l'entreprise. Et d'elle dépend sa survie.

2.1. *Une fonction au centre du « conflit » chiffre d'affaires/rentabilité*

2.1.1. *Niveau d'activité, sécurité et rentabilité*

Les principes fondamentaux de la gestion d'entreprise ne doivent pas être oubliés. L'entreprise a pour mission de réaliser le maximum de profit possible, avec le maximum de sécurité. Pour cela, produire et vendre sont deux actions indispensables mais non suffisantes. Encore faut-il encaisser effectivement le produit de la vente. Les commerciaux ont la fâcheuse tendance à « fêter » leur réussite à la signature des contrats de vente, alors qu'il ne s'agit en réalité que d'une étape parmi d'autres. Seul l'encaissement des sommes dues mérite une pleine et totale satisfaction.

Souvent, augmenter l'activité de l'entreprise est considéré comme un objectif prioritaire. Et nous le comprenons aisément. Mais il convient de souligner qu'une politique de croissance n'est jamais sans risque. Elle a souvent pour corollaire une augmentation du besoin en fonds de roulement (qu'il faut financer soit par augmentation des fonds propres, soit par concours bancaires à court terme, soit à l'aide de ces deux moyens) et à la fois une possible dégradation de la qualité générale du poste clients. Toute altération de la qualité de la clientèle peut et doit remettre en question la volonté d'expansion de l'entreprise. Pour cela, il y a lieu de comparer les effets positifs de l'augmentation de l'activité (précisément l'accroissement éventuel du profit) et les pertes induites par la constitution d'éventuelles provisions pour créances douteuses. L'entreprise doit être en mesure, à chaque instant de mesurer ces deux effets. Immédiatement, elle doit ajuster sa politique et le cas échéant être capable de remettre en cause, au moins pour un temps, ses objectifs de croissance ou d'en repenser les modalités.

Le credit manager a donc pour mission de surveiller la qualité du poste clients et doit donc avoir le pouvoir de refuser l'entrée ou la poursuite de la relation commerciale avec tel ou tel partenaire. Au cours de cette mission indispensable, il risque de se confronter à certains acteurs de l'entreprise. Et notamment à la direction commerciale, qui dans ce genre de cas, tente d'impliquer au plus vite la direction générale. Refuser une affaire est souvent entendu par les commerciaux comme un acte contraire à l'intérêt même de l'entreprise et à tout le moins contraire à l'esprit dans lequel évolue la force de vente. Nous touchons peut-être à ce stade à une des limites de l'organisation fonctionnelle de l'entreprise. Diviser l'entreprise en fonctions (commerciale, juridique, financière…) fait gagner en clarté et en force d'action mais peut aussi faire perdre en cohérence et parfois générer de vives oppositions d'intérêts. Ce type de répartition organisationnelle impose une direction générale forte. En effet, si les commerciaux ne s'intéressent qu'au chiffre d'affaires, les financiers qu'à la rentabilité, les juristes qu'au droit, sans un effort permanent de coordination de la direction générale, l'efficience de l'entreprise risque d'en pâtir.

2.1.2. Le credit management, une variable stratégique

Il est capital, pour que l'entreprise soit efficace de bien comprendre que le credit management est une des variables stratégiques de l'entreprise au même titre que sa politique marketing. Mettre en place une équipe dédiée à la gestion du risque client, sans être pleinement conscient de cette réalité, risque de conduire à l'échec. Et ce cas n'est pas rare. Le credit management, contrairement à ce que certains aient pu croire ou croient encore, n'est pas une mode mais une nécessité. Décider de la mise en place d'un credit manager doit résulter d'une volonté ferme de la direction générale de sécuriser l'activité commerciale de l'entreprise.

Sans cette volonté au plus haut niveau de l'organisation, la mission du credit manager est quasiment irréalisable. Nous avons trop vu de credit manager placés sous la direction de la comptabilité sans réel pouvoir de décision.

Ainsi, nous considérons le credit management comme un élément décisif de la stratégie de l'entreprise. Il accompagne sa marche en avant et lui permet d'assurer une croissance saine et régulière. C'est lui qui régule la fonction commerciale et ses éventuels excès, et en ce sens participe de la réussite financière de l'entreprise. Il est au centre de différents intérêts, et doit donc prendre en compte plusieurs variables (commerciales, financières, humaines…) au même titre que la direction générale de l'entreprise. Le credit management est bien une fonction stratégique et l'action du credit manager ressemble quelque peu à celle du directeur général. Nous reviendrons plus précisément sur ce point lorsque nous traiterons de la question de la position du credit manager dans l'organisation.

2.2. Sa place dans l'organisation

2.2.1. Une fonction parfois mal intégrée

Deux excès menacent l'efficacité du credit manager. Une trop grande indulgence à l'égard des partenaires commerciaux et son contraire, une trop grande rigidité. Dans les deux cas, une situation conflictuelle risque d'apparaître.

Lorsque le credit manager est trop souple dans l'application des critères de risque définis, il se heurte à la direction financière qui lui reproche à juste titre de contribuer à l'apparition de provisions pénalisant la rentabilité de l'entreprise. Cette tendance est plus fréquente que l'on peut l'imaginer. Il sacrifie la nécessaire rentabilité au profit d'une relative « paix » avec la force de vente. Et généralement, il perd en crédibilité, certes bien évidemment auprès de la direction financière, mais aussi auprès de la direction commerciale qui finit très vite par comprendre sa faiblesse. Incomprise à juste titre des financiers, et de moins en moins respectée par les commerciaux, l'action du credit manager devient inutile et à terme dangereuse pour la santé financière de l'entreprise.

Dans le cas contraire, il sacrifie la rentabilité au détriment de l'activité commerciale, seule source, ne l'oublions pas, de rentabilité. En agissant de la sorte, il préserve peut-être l'entreprise de quelques provisions mais l'empêche du même coup de croître et risque de paralyser son dynamisme commercial. Les vendeurs sont peu à peu démotivés. Dans ce type de situation, un conflit peut naître entre la direction commerciale et le credit manager. Et le plus souvent, les commerciaux auront systématiquement recours à l'arbitrage final de la direction générale et le credit manager perdra toute crédibilité.

Le credit management impose donc une recherche permanente d'équilibre entre rentabilité et dynamisme commercial. Si parfois peu comprennent vraiment la difficulté de sa mission, il faut bien reconnaître qu'elle est loin d'être aisée. Tout écart au delà de l'équilibre instable qu'il doit trouver lui sera reproché.

2.2.2. Quelle position dans l'organisation

Pour toutes les raisons qui précèdent, nous pensons qu'il est souhaitable que le credit manager ne dépende ni de la direction commerciale, ni de la direction financière.

En effet, rattaché à la direction commerciale, il risque d'être plus négligent et moins rigoureux dans l'application des règles de sécurité financière, compte tenu de la pression hiérarchique qu'il subit. Cette pression existe toujours quelque soit l'effort de la direction commerciale à comprendre le rôle du credit manager. En la matière, la bonne volonté affichée n'est pas toujours sincère.

Rattaché à la direction financière, position beaucoup plus fréquente, et sans doute moins critiquable que celle décrite ci-dessus, le credit manager risque également, parfois, d'adopter un comportement trop rigide, toujours en raison de cette pression hiérarchique.

Malheureusement, lorsque cette question d'organisation est soulevée dans l'entreprise, certains s'empressent très vite de mettre un terme à ce débat pour des raisons évidentes. Quand le credit manager est rattaché à la direction commerciale (ce fut très fréquent au moment où le credit management entra en France, et l'est fort heureusement de moins en moins) celle-ci tente souvent de le maintenir dans ses effectifs prétextant qu'il traite du poste clients et que ce domaine est de son ressort. Même chose en ce qui concerne la direction financière qui considère que le credit manager est un financier chargé de la sécurité des affaires et qu'en conséquence il ne peut dépendre que d'elle.

Nous pensons qu'en raison de l'aspect stratégique du credit management, le credit manager doit impérativement dépendre de la direction générale. Le credit manager traitant de problèmes tant financiers que commerciaux et assurant un rôle d'arbitre doit absolument être dans une position de totale indépendance. Son rattachement à la direction centrale de l'organisation peut lui permettre d'éviter beaucoup d'erreurs.

Cependant, faire dépendre le credit manager de la direction générale ne signifie pas pour autant qu'il doive être considéré comme un supérieur hiérarchique des directions financières et commerciales. Il se situe simplement hors de ces directions, parce qu'il doit agir en toute liberté et hors de toute pression.

Nous sommes conscients des quelques risques inhérents à cette disposition de l'organigramme de l'entreprise, notamment celui d'être un peu trop « éloigné » des financiers et des commerciaux, mais il ne tient qu'au credit manager d'y veiller.

Pour autant, le credit manager peut-il s'opposer à l'avis de la direction générale ? Cette question est difficile, mais il faut bien y apporter un éclairage. En principe, dans une organisation, aucune décision de gestion ne peut se prendre contre l'avis de la direction centrale. Il n'y a donc, à priori, aucune raison pour que le credit management échappe à ce principe. Cependant, il n'est pas inimaginable que certaines divergences d'opinions sur des affaires importantes puissent être soumises à l'arbitrage du conseil d'administration (ou de son équivalent).

3. Les outils du credit manager

En action, le credit manager est un grand consommateur d'information. Il doit sans cesse communiquer avec l'environnement interne et externe de l'entreprise afin de rassembler les informations nécessaires à ses prises de décision. Ces informations sont de diverses natures : liasses fiscales, fichiers de renseignements commerciaux, éléments recueillis lors de visites clientèles, renseignements obtenus auprès d'autres credit managers, articles de presse… Son action consiste donc en un traitement le plus objectif possible de ces éléments en vue d'une prise de décision le plus souvent à très court terme.

3.1. La détection des risques

Pour gérer un risque, la première des choses est d'en connaître l'existence. Cela semble trivial, mais en pratique le credit manager doit s'attacher à mettre en place un système de communication efficace. Il est par exemple inutile qu'un commercial entreprenne des démarches auprès d'un prospect si celui-ci est déjà dans une situation financière très difficile ou tout au moins les mêmes démarches qu'il entreprendrait auprès d'un client en bonne santé. La nature de sa proposition commerciale et notamment les clauses de son contrat de vente seront bien différentes. En ce sens, le credit manager doit pouvoir être informé au plus vite de l'action future des commerciaux afin de préparer son dossier d'analyse.

En fonction des premiers éléments d'information qu'il obtiendra, il pourra aider le commercial dans son action, en posant d'éventuelles conditions particulières à une possible entrée en relation ou tout simplement en refusant tout délai de paiement au client.

Il est donc primordial que le credit manager soit informé au plus vite des actions de la force de vente.

3.2. La recherche d'information

3.2.1. Le fichier FIBEN

Précisons immédiatement que ce fichier géré par la Banque de France n'est accessible qu'aux établissements de crédit. Cependant, dans la mesure où il représente une référence importante, il est nécessaire d'en présenter les grands traits.

Le FIBEN (Fichier bancaire des entreprises) recense un grand nombre de personnes morales et physiques. Près de 95 % des sociétés anonymes et environ les trois quarts des sociétés à responsabilité limitée y sont répertoriés. Il permet d'obtenir des informations générales sur l'entreprise ainsi que sa cotation attribuée par les analystes de la Banque de France.

Informations générales disponibles : dénomination sociale, montant du capital, forme juridique de l'entreprise, adresse du siège social, éventuels incidents de paiement d'effets de commerce, jugements rendus par des juridictions civiles, commerciales ou pénales (interdiction de gérer, de commercer, ou autres) contre des personnes physiques, indications relatives à une éventuelle cessation d'activité, relations bancaires de l'entreprise (établissement, code guichet), et enfin lorsqu'ils sont disponibles, comptes de résultat et bilans de l'entreprise sur les trois derniers exercices.

Bien entendu, toutes ces informations ne sont pas disponibles pour toutes les entreprises. Certaines ne remplissant pas toujours leur devoir d'information quant à la transmission de leurs documents comptables et financiers.

COTATION DES ENTREPRISES

Celle-ci est constituée de trois éléments

Une cote d'activité précisée par une lettre (de A à X) fonction du chiffre d'affaires de l'entreprise.

A chiffre d'affaires égal ou supérieur à 5 milliards de francs

B compris entre 1 et 5 milliards de francs

C compris entre 500 millions et 1 milliard de francs
D compris entre 200 et 500 millions de francs
E compris entre 100 et 200 millions de francs
F compris entre 50 et 100 millions de francs
G compris entre 10 et 50 millions de francs
H compris entre 5 et 10 millions de francs
J inférieur à 5 millions de francs
N chiffre d'affaires non significatif (cas de holding notamment)
X chiffre d'affaires non connu ou trop ancien

Une cote de crédit précisée par un chiffre (de 0 à 6) fonction de la santé générale de l'entreprise. Elle est fondée sur l'examen de sa situation financière globale (fonds propres, rentabilité...) mais aussi sur l'appréciation de ses dirigeants et de ses actionnaires. En principe cette cote tient compte des éventuels incidents de paiement dont l'entreprise a pu être à l'origine.

cote 0 La Banque de France ne dispose pas de documents comptables ou bien n'a connaissance d'aucun élément défavorable autre que l'existence d'éventuels incidents de paiement.

cote 1 Cette cote est attribuée aux entreprises publiques et aux diverses administrations répertoriées.

cote 2 Cette cote est attribuée aux entreprises dont le siège social est établi à l'étranger.

cote 3 Bonne santé financière, aucune réserve concernant les dirigeants ou les détenteurs de capitaux.

cote 4 Santé financière encore convenable avec toutefois soit :
- une faible rentabilité
- un autofinancement insuffisant
- une situation nette trop faible
- tout autre point négatif

Sorte de cotation intermédiaire ou d'attente (entre les cotes 3 et 5).

cote 5 Réserves notables quant à la situation financière de l'entreprise.

Par exemple :
- autofinancement négatif
- fonds propres très insuffisants

– actif circulant inférieur au passif circulant
– incidents de paiements
– réserves quant aux dirigeants de l'entreprise

cote 6 Réserves graves, par exemple :
– autofinancement fortement négatif
– fonds propres amputés fortement par des pertes
(notamment inférieurs à 50 % du capital social)
– actif à moins d'un an largement inférieur au passif à moins d'un an
– réserves graves sur au moins un des dirigeants
– incidents de paiements nombreux
– entreprise en règlement judiciaire (après adoption du plan de redressement, possibilité d'attribution d'une cote meilleure)
– entreprise jouissant d'une santé financière convenable mais qui dépend étroitement d'une autre société en mauvaise santé

Une cote de paiement précisant la qualité des paiements de l'entreprise. Elle permet d'apprécier le niveau de solvabilité (à court terme) de l'entreprise.

cote 7 Paiements ponctuels au cours des six derniers mois, les éventuels incidents de paiements sont peu significatifs d'un problème de trésorerie.

cote 8 Incidents de paiements significatifs et difficultés de trésorerie ne remettant toutefois pas en cause le crédit de l'entreprise.

cote 9 Incidents de paiements nombreux, trésorerie très obérée. Solvabilité très compromise.

Ces trois indicateurs sont juxtaposés et la cotation s'écrit par exemple : A37, B37, A47, J58, F69... La meilleure cotation (hors cote d'activité précisée) est 37, la pire 69. Il est bien entendu très rare, voire quasiment impossible de rencontrer une entreprise cotée 38 ou encore 39. Les cotations les plus courantes étant 37, 47, 57, 67, 58, 68, 59, 69. En pratique, il est très difficile d'affirmer qu'une cotation de type 59 est préférable à une cotation de type 68. En effet, dans les deux cas l'existence d'une tension de trésorerie est bien réelle et témoigne d'une fragilité de l'entreprise. En pratique, une entreprise dont la cote de paiement est 8 est dans une position très difficile. En effet, même si en principe cette cote traduit l'existence d'une tension de trésorerie passagère qui ne risque pas de mettre en danger imminent l'entreprise, en pratique celle-ci ne pourra sans doute obtenir un quelconque crédit auprès d'une banque.

Ces cotations, il faut le souligner, n'engagent pas la responsabilité de la Banque de France mais sont en règle générale d'une très grande fiabilité. Toutefois, et cela est une des caractéristiques majeures de la tendance des dix dernières années, une entreprise peut très vite passer d'une situation financière saine à une tension de trésorerie extrême obligeant ses créanciers à demander l'ouverture d'une procédure de redressement judiciaire. Les dépôts de bilans sont de plus en plus soudains et difficiles à prévoir. Chaque année, la Banque de France révise sa dernière cotation. Cependant, même si la Banque de France s'efforce d'actualiser en permanence ses fichiers, elle le fait dès qu'un événement apparaît et est de nature à justifier une nouvelle notation, et il peut très bien arriver qu'une entreprise soit cotée 37 en mars de l'année n, alors que cette cotation a été faite en mars de l'année n–1. Entre temps, sa situation financière a pu se dégrader sensiblement, sans pour autant entraîner à ce stade d'incidents de paiements significatifs susceptibles d'induire une révision de sa cotation. Il faut bien garder en mémoire qu'une notation n'est que la traduction du passé.

Cette cote représente donc une aide significative à l'usage des banques mais ne permet pas de faire l'économie d'une analyse financière précise, laquelle est toujours menée en fonction d'objectifs particuliers.

Toute entreprise peut demander sa cotation auprès de la succursale de la Banque de France dont elle dépend. Et tout credit manager peut très bien demander à son client copie de cette note. Bien entendu, le client n'a aucune obligation de la lui fournir. En cas de refus, le credit manager devra en tenir compte.

COTATION DES DIRIGEANTS

La Banque de France cote également les personnes physiques qui exercent une fonction de dirigeant à l'exclusion de toute activité d'entrepreneur individuel.

cote 0 Les informations recueillies n'appellent pas de réserves

cote 5 Les informations recueillies appellent des réserves

cote 6 Les informations recueillies appellent des réserves sérieuses

3.2.2. Les bases de données commerciales

Il existe un nombre sans cesse grandissant de serveurs accessibles au moyen d'un Minitel qui vendent des renseignements commerciaux. En effet, dans la mesure où le fichier FIBEN est réservé aux établissements de crédit, ces serveurs répondent au besoin d'information des credit managers. Ils constituent une source d'information très utilisée.

Mais en la matière, il faut apporter quelques précisions. En effet, les credit managers ne doivent pas se laisser aller à la tendance bien naturelle qui consiste à considérer les notations fournies par ces bases de données comme seule et unique source de renseignements. Ces bases de données ne doivent être qu'une aide parmi d'autres. Le credit manager ne doit pas être un lecteur passif des notations fournies par ces serveurs. Même si ces bases tendent bien naturellement à perfectionner leurs systèmes de collecte de renseignements, elles sont loin d'être infaillibles. Si noter est une chose souvent difficile, interpréter une évaluation l'est rarement moins. Par ailleurs s'il est assez aisé pour un credit manager de décider en présence d'une notation affirmée (très bonne ou très mauvaise note) que décider lorsqu'un débiteur est noté autour de la moyenne ? Or précisément, beaucoup d'entreprises jouissent d'une santé financière qu'il est possible de considérer comme ni bonne ni franchement mauvaise, c'est à dire très incertaine. En ce sens, le renseignement commercial fourni par ces serveurs peut représenter une aide intéressante, mais il ne peut en aucun cas être l'ingrédient unique de la politique du credit manager. Certes, en l'absence d'autres éléments concernant une entreprise, il est fort tentant d'accorder un poids important aux renseignements fournis par tel ou tel serveur, mais il faut bien comprendre que ceux qui ont tenté d'évaluer la solidité financière de cette entreprise ont dû se heurter à cette même pénurie d'information. La note obtenue en est d'autant plus incertaine.

A ce stade, nous pensons qu'il serait d'intérêt public de permettre l'accès au fichier FIBEN à toutes les entreprises. Cela nécessiterait naturellement au préalable une modification de la loi bancaire ainsi que des dispositions relatives au secret professionnel. L'intérêt de cette mesure est évident. Il n'est pas certain que les vendeurs de renseignement commercial soient nécessairement de cet avis.

3.2.3. Les autres sources de renseignements

Les Greffes des Tribunaux de Commerce sont susceptibles de fournir les éléments suivants :

– l'extrait K–bis lequel constitue une carte d'identité précise de l'entreprise

– ses statuts qui renseignent sur la nature des actionnaires, son mode de fonctionnement, son capital social

– les inscriptions de privilèges lesquelles informent des engagements financiers de l'entreprise

– l'état des protêts (actes officiels qui prouvent un éventuel refus de paiement de lettre de change, de chèques...)

Le cadastre, administration qui gère l'ensemble des documents qui permettent la détermination des propriétés foncières d'une personne, peut être également très utile.

Aussi, il est possible de connaître l'état des hypothèques (hypothèques conventionnelles, légales, judiciaires et privilèges immobiliers spéciaux) relatives à un débiteur dont la publicité est assurée dans les conservations des hypothèques.

Outre ces éléments de nature officielle, le credit manager peut et doit consulter d'autres sources de renseignements. Par exemple, la presse économique et financière : en effet beaucoup de magazines traitent dans chacun de leurs numéros de la santé économique d'entreprises cotées au Second Marché, au Hors-cote, au Comptant ou même non cotées en Bourse. Ces données, si elles ne sont pas toujours d'une grande précision, permettent au moins de porter un jugement d'ensemble sur la situation de l'entreprise.

Egalement, pour recueillir des données sectorielles, le credit manager peut se rendre auprès des syndicats professionnels, lesquels sont souvent les premiers à pouvoir fournir des éléments chiffrés sur leur secteur d'activité. Par ailleurs, la Banque de France édite régulièrement des fascicules regroupant des analyses sectorielles. La presse économique (notamment le numéro spécial *La France en chiffres* édité par le journal L'Expansion) fournit aussi beaucoup de renseignements utiles. Ces données aident sensiblement le credit manager dans son travail d'analyse de bilans, dans la mesure où il peut comparer les ratios de l'entreprise à ceux de son secteur.

Le credit manager doit en outre tenter d'obtenir des informations de la part de la force de vente (ou d'achat) de son entreprise. En effet, celles-ci jouissent parfois de contacts privilégiés avec les partenaires commerciaux de l'entreprise. Mais le credit manager doit « trier » ces renseignements qui ne sont pas toujours parfaitement vérifiables ni objectifs et l'on comprend aisément pourquoi. Il doit apprendre à mesurer le degré de fiabilité des informations que lui livre les commerciaux de son entreprise.

Egalement, il est une autre source de renseignements très appréciée des credit managers (la dernière des tâches qu'ils acceptent de déléguer) : la visite de leurs clients. Ce point mérite une attention particulière. Tout d'abord, il est incontestable que la visite d'une entreprise cliente est susceptible d'apporter beaucoup de renseignements utiles au credit manager tels que l'ambiance de travail, le sérieux apparent des salariés, le style de management, la rigueur de l'organisation, son implantation dans la région... A cette occasion, le credit manager peut notamment se rendre compte du « sérieux » des dirigeants en observant attentivement quelques indicateurs qui trompent rarement : présence de véhicules somptuaires sur le parking de l'entreprise, locaux surdimensionnés et d'un prestige excessif par rapport à l'activité de l'entreprise témoignent assez souvent d'une gestion peu rigoureuse et peuvent augurer de difficultés financières à plus ou moins brève échéance. Il est bien rare de constater des excès inverses. Mais, lors de ces visites en clientèle, le credit manager doit être très vigilant et demeurer objectif. Il ne doit pas se laisser impressionner par l'attitude de son client, ni comme cela arrive parfois, sympathiser avec lui au seul motif qu'il pratique le tennis dans le même club que son interlocuteur... D'une manière générale, il faut savoir qu'une visite clientèle améliore assez souvent l'opinion du credit manager sur son client. Le credit manager doit savoir rester parfaitement objectif tant à la lecture d'un dossier ouvert sur son bureau qu'à l'occasion d'une rencontre avec un directeur financier si sympathique soit-il. Pour éviter ce risque très courant, une solution est recommandée : ne pas se déplacer soi-même et faire rencontrer si nécessaire ses clients à risque par ses assistants ou par un tiers tel qu'un cabinet de conseil, lesquels rédigeront ensuite un rapport sur leur visite. De cette manière, l'objectivité du credit manager sera mieux préservée. D'ailleurs, dans les banques, les directeurs des engagements ne rencontrent jamais les clients (sauf à quelques très rares exceptions), seul ce rôle n'est attribué qu'aux exploitants, afin justement de préserver l'objectivité du décideur final. Les établissements de crédit n'ont pas adopté cette règle par hasard...

4. Les actions du credit manager

Collecter des informations n'est qu'une première étape. Indispensable mais en aucun cas suffisante. L'analyse des informations recueillies est primordiale. En effet, certains credit managers consacrent la plupart de leur temps à rechercher des informations sur leurs partenaires commerciaux et négligent d'accorder un temps suffisant à leur analyse. Trop de données ne nuit pas, à condition que ces éléments aient un sens et permettent de bâtir une opinion. La quantité croissante d'informations disponibles concernant telle ou telle entreprise ne peut remplacer une analyse méthodique.

4.1. Le traitement de l'information

4.1.1. La tenue du dossier client

Afin de disposer efficacement de l'ensemble des données collectées, le credit manager doit tenir à jour un dossier client comprenant au moins l'ensemble des points suivants (pour plus de détails, se reporter à l'annexe 2) :

Référence client / nom de l'entreprise / adresse de son siège social / nom de son président / historique de la relation / derniers bilans (liasses fiscales de préférence) / synthèse financière (analyse financière) / produits vendus / délais de paiement habituel / encours de facturation habituel / moyens de paiement utilisés / éventuellement note obtenue dans tel ou tel scoring / responsable interne des paiements.

4.1.2. L'analyse financière des données

A partir de la liasse fiscale de chaque client, le credit manager doit, au moins une fois par an mener une analyse financière complète. Précisons sur quels points il est nécessaire de mener une analyse.

– *Eléments sectoriels*

Pour chacun de ses clients ou groupes de clients (rassemblés par secteurs d'activité), le credit manager devra effectuer une analyse sectorielle à l'aide de diverses données qu'il aura pu recueillir. Pour chacun des secteurs, il procédera au suivi de la tendance générale (évolution du nombre d'entreprises en exercice, chiffre d'affaires global, chiffre d'affaires moyen, nombre de salariés moyen, nombre d'entreprises nouvelles, nombre d'entreprises ayant cessé leur activité, rentabilité moyenne…). En fait, le credit manager doit se constituer sa propre base de données sectorielles en rapport avec l'activité de ses partenaires commerciaux. L'objectif est qu'il puisse « avoir une opinion » sur ces différents secteurs. Mais il doit être conscient d'une chose : seule ne compte la solvabilité de ses partenaires. Même si un secteur est en déclin, cela ne présume pas nécessairement de la qualité financière future d'un de ses acteurs. Un secteur en déclin peut très bien constituer un facteur d'enrichissement pour une entreprise solide capable de bénéficier des difficultés de ses concurrents. Egalement le credit manager doit tenter d'anticiper l'ampleur et la portée des tendances qu'il perçoit. En effet, à l'extrême, peu lui importe qu'un partenaire disparaisse à 6 mois si ses créances n'ont que 4 mois d'échéance…

Certains credit managers négligent parfois de mener ces analyses sectorielles comme il le faudrait. Ils ont grand tort, car perdent par là même l'intérêt d'un des aspects fondamentaux du credit management : l'ouverture sur l'environnement de l'entreprise. Or seule une attitude permanente de veille et d'analyse de l'environnement peut permettre à l'entreprise de s'y adapter et donc d'être performante.

– *Analyse des données financières de l'entreprise*

Il ne s'agit pas dans cet ouvrage de présenter un cours d'analyse financière, néanmoins, il est indispensable de rappeler les points fondamentaux sur lesquels le credit manager devra porter son attention.

D'un point de vue méthodologique, il est largement préférable de commencer l'analyse financière par l'étude du compte de résultat avant celle du bilan. En effet, seul le compte de résultat explique le mode de réalisation du bénéfice ou de la perte alors que le bilan ne fait que constater le niveau du résultat. Avant de mener une analyse du patrimoine de l'entreprise, se préoccuper de son présent, ne serait-ce que pour mieux comprendre comment elle fonctionne, est indispensable.

Egalement, se pose la question des retraitements nécessaires à l'analyse financière. Il faut préciser que si d'un point de vue théorique ces retraitements sont indispensables, sur un plan pratique, le credit manager aura beaucoup de difficultés à réunir toutes les informations nécessaires à l'accomplissement de ces ajustements, notamment si le nombre de partenaires qu'il doit analyser est important. Les principaux retraitements à effectuer sont les suivants :

– Le capital souscrit et non appelé (non-valeur, puisque non encore versé par les associés) doit être supprimé de l'actif et déduit du capital au passif.

– Les frais d'établissement (non-valeur également) doivent être déduits de l'actif et des fonds propres.

– Si elles sont significatives par rapport au résultat net et en fonction de leur nature, les charges à répartir sur plusieurs exercices (dont la présence peut parfois être discutable et traduire le désir pour l'entreprise de réduire une perte…) peuvent être retraitées. Mais en l'espèce le credit manager aura beaucoup de mal à connaître avec exactitude la nature de ces charges. Si leur étalement semble anormal, il convient de les soustraire des fonds propres.

– Les primes de remboursement des obligations sont à déduire des fonds propres.

– Si l'écart de conversion actif est supérieur à l'écart de conversion passif (ce qui traduit des pertes nettes de change), la différence est à déduire des fonds propres. Dans le cas contraire, il est à rajouter.

– Le retraitement du crédit-bail n'a d'intérêt que dans le cas où l'entreprise y a recours de manière significative pour financer ses investissements. Si tel est le cas, il convient d'y porter une attention particulière. Il faut transformer ce qui n'est qu'une charge locative en deux parties, l'une correspondant aux frais financiers, l'autre en part d'amortissement. Au bilan, il y a lieu de tenir compte de la valeur brute d'acquisition du bien pris à bail, et de l'amortir hors comptabilité pour en déduire sa valeur nette. En contrepartie, au passif, il faut tenir compte de la dette à long terme inhérente à l'opération de financement. Pour cela, il faut connaître avec précision le contenu des contrats de crédit-bail (échéance, montant financé, taux, valeur de rachat...) signés par l'entreprise. Ce retraitement n'a pas de réel intérêt si les biens pris à bail sont d'un faible montant par rapport au total du bilan.

– Les dettes auprès des établissements de crédit doivent être scindées en deux en fonction de leur échéance. A plus d'un an et à moins d'un an. La partie longue constituera une partie des fonds dits permanents, la partie courte concernera la trésorerie passive.

L'analyse du compte de résultat peut se faire en deux étapes. Tout d'abord, il convient de mesurer les variations de ses principaux postes sur les derniers exercices afin d'appréhender les changements qui ont pu affecter les mécanismes de formation des résultats. Notamment, on porte une attention sur l'évolution du chiffre d'affaires. Une forte hausse est souvent synonyme de tension de trésorerie suite à l'accroissement du besoin en fonds de roulement induit. Le calcul des soldes intermédiaires de gestion et de leurs variations permettra de porter un jugement sur la rentabilité de l'entreprise en explicitant clairement comment cette rentabilité s'est construite. On sera particulièrement attentif aux variations du résultat d'exploitation et à sa part dans le résultat net de l'entreprise. Le résultat d'exploitation doit être le plus significatif de tous les résultats, sauf à prouver que les résultats financiers ou exceptionnels (lorsqu'ils sont positifs) sont particulièrement récurrents. Dans ce cas, on pourra éventuellement les intégrer au résultat d'exploitation. Mais ceci est assez rare.

Rappelons les principaux calculs à effectuer à partir du compte de résultat :

– **Chiffre d'affaires (CA)** = ventes de marchandises + production vendue

– **Marge commerciale (MC)** = ventes de marchandises en l'état – coût d'achat des marchandises (coût d'achat des marchandises = achats de marchandises +/– variation des stocks de marchandises)

– **Production de l'exercice (P)** = production vendue +/– variation production stockée + production immobilisée

– **Valeur ajoutée (VA)** = marge commerciale + production de l'exercice – consommations

(consommations = approvisionnements +/– variation des stocks d'approvisionnement + autres charges externes)

– **Excédent brut d'exploitation (EBE)** = valeur ajoutée + subventions d'exploitation – impôts, taxes et versements assimilés – charges de personnel

– **Résultat d'exploitation (RE)** = excédent brut d'exploitation + reprises sur amortissements et provisions d'exploitation – dotations aux amortissements et provisions d'exploitation + autres produits – autres charges + transfert de charges d'exploitation

– **Résultat courant avant impôts (RCAI)** = résultat d'exploitation + quotes-parts de résultat sur opérations faites en commun nettes (produits) – compte de même nature (charges) + produits financiers – charges financières

– **Résultat exceptionnel (REL)** = produits exceptionnels – charges exceptionnelles

– **Résultat net comptable (RN)** = résultat courant + résultat exceptionnel + résultat financier (RFI) – participation des salariés aux résultats de l'entreprise – impôts sur les bénéfices

– **Capacité d'autofinancement (CAF)** (approche simplifiée) = Résultat net comptable + dotations aux amortissements et provisions nettes des reprises – prix de cessions des actifs cédés + valeur nette comptable des actifs cédés + 60 % (environ) des annuités de crédit-bail.

Précisons qu'en général, l'ensemble des dettes financières ne doit pas dépasser 4 à 5 fois la capacité d'autofinancement de l'entreprise. Au delà, elle risque, notamment en cas de retournement (effet de levier négatif – coût de la dette supérieur à la rentabilité des actifs) d'afficher de lourdes pertes qui viendront amputer ses fonds propres. Sa capacité à résister à une telle situation sera bien entendu fonction de la solidité de son haut de passif.

A partir des soldes qui précèdent, les principaux ratios à calculer peuvent être les suivants :

– ratios d'évolution de chaque solde sur les deux ou trois derniers exercices

– ratios de rentabilité et ratios de leur évolution

VA/CA VA/EBE EBE/CA EBE/RE RE/CA REL/CA
RFI/CA RN/CA RN/EBE RN/VA

Quelque soit le secteur d'activité de l'entreprise, tous ces ratios sont importants. Mais il faut préciser un point : comparer chaque ratio de l'entreprise aux ratios types ou moyens du secteur est une bonne chose, mais à la condition expresse (et finalement assez rare) que l'entreprise exerce réellement l'activité qu'elle a déclarée lors de son inscription au Registre du Commerce et des Sociétés. Le découpage sectoriel opéré par les codificateurs de l'INSEE (les codes NAF ont remplacés les anciens code APE) ne peut rendre compte de la naturelle extrême diversité des entreprises qui composent un même secteur. Il faut donc se garder de tirer des conclusions hâtives à l'égard d'une entreprise dont l'analyse financière offre des résultats atypiques par rapport aux ratios moyens du secteur auquel elle appartient.

Rappelons les principaux calculs à effectuer à partir du bilan :

Ces calculs seront effectués après affectation du résultat selon les règles en vigueur – d'une manière générale les dividendes à distribuer seront déduits des fonds propres et affectés en dettes à court terme non bancaires, lesquelles alimenteront la partie passive du besoin global en fonds de roulement.

– **Fonds de roulement (FDR)** = capitaux permanents (fonds propres (FP) – dividendes à distribuer + dettes à long terme (DLT)) – actif immobilisé net (AIN)

– **Besoin global en fonds de roulement (BFR)** = actif circulant non bancaire + effets escomptés et non échus – passif circulant non bancaire (dont dividendes à distribuer)

– **Trésorerie (T)** = trésorerie active (caisse + banque + valeurs mobilières de placement) – trésorerie passive (dettes à court terme bancaires + effets escomptés et non échus)

Par construction, les égalités FDR = BFR + T et variation FDR = variation BFR + variation T (cette dernière étant établie à partir de deux bilans) doivent toujours être vérifiées (en valeur algébrique).

Avant de commenter les soldes qui précèdent, une remarque générale : l'analyse financière du credit manager doit être méthodique. Avant de calculer tel ou tel ratio à partir du bilan, celui-ci doit observer avec attention les différents postes du bilan qu'il analyse. Cela est trivial, mais il est inutile par exemple, pour un credit manager de procéder à l'analyse complète et fouillée d'une entreprise dont la situation nette largement négative témoigne d'une prochaine cessation des paiements. Le bon sens fait souvent gagner beaucoup de temps.

D'une manière générale, et pour simplifier, plus le fonds de roulement est important meilleure sera la stabilité financière de l'entreprise. Mais ce qui compte avant tout est la comparaison entre le niveau de FDR et celui du BFR. Le niveau de FDR ne peut être qualifié de bon qu'en fonction du BFR. Le niveau de trésorerie n'est en fait que l'ajustement des deux masses précédentes. Un besoin en fonds de roulement négatif traduit plutôt une force, puisque l'entreprise est du point de vue de son activité structurellement emprunteuse à faible coût, mais un BFR trop négatif peut être le signe d'une prochaine cessation des paiements. En effet, avant de tomber en totale cessation de paiements, on commence d'abord à tarder à payer ses dettes, ce qui n'est pas sans conséquence sur le passif circulant... Le solde de trésorerie précise le niveau de dépendance de l'entreprise vis à vis de ses banques. Bien entendu, moins la trésorerie sera négative meilleure sera l'indépendance et la rentabilité de l'entreprise (moindres frais financiers). Généralement, lorsque le solde de la trésorerie négative atteint près de 8 % environ du chiffre d'affaires, la situation peut être considérée comme dangereuse (outre les frais financiers induits, cette situation est susceptible d'inciter les banques à se désengager rapidement, notamment si le niveau des fonds propres de l'entreprise est insuffisant, afin de ne pas être considérées en position de soutien abusif d'une entreprise en situation irrémédiablement compromise – pour plus de précisions le lecteur se reportera à l'article 60 de la loi bancaire de 1984).

A partir du bilan, les principaux ratios à surveiller sont les suivants :

Capitaux propres/total passif	Actif immobilisé/total actif
Actif circulant/total actif	Trésorerie active/ trésorerie passive
Créances clients/ chiffre d'affaires TTC	Dettes fournisseurs/ achats TTC
Dettes à plus d'un an/ capitaux propres	Amortissements cumulés/ immobilisations brutes

Les différents éléments qui précèdent correspondent aux « outils de base » de l'analyste financier qu'est le credit manager. Celui pourra, en fonction du nombre de ses clients, des secteurs d'activités qui l'intéressent, développer d'autres outils plus spécifiques.

4.2. La gestion des encours clients

4.2.1. La notion d'encours

Une fois l'analyse effectuée, le credit manager doit prendre une décision. Mais celle-ci peut être prise sous deux formes.

Dans certaines entreprises, le credit manager est consulté « dossier par dossier » en ce sens qu'il doit apporter une réponse positive ou négative sur chaque affaire présentée par la direction commerciale. Ce type de fonctionnement n'est pas idéal, chaque année, le credit manager peut être amené à rouvrir plusieurs fois un même dossier client. En l'espèce, il risque de passer une bonne partie de son temps à accepter des affaires qui ne posent pas de difficultés particulières et donc de ne pas pouvoir accorder un temps suffisant à l'analyse des dossiers plus délicats.

Dans d'autres entreprises, le credit manager détermine préalablement un encours théorique pour chaque client correspondant au solde comptable débiteur maximum du compte client considéré. Cette méthode est largement utilisée et est de loin la meilleure. L'encours théorique est donc déterminé en fonction des conclusions de l'analyse globale de la santé du client. Cet encours théorique est généralement établi une fois par an pour chaque client. Ainsi, à chaque nouvelle affaire, compte tenu de son montant, et de la limite théorique fixée par le credit manager, la direction commerciale, peut sans même obtenir l'aval de celui-ci, réaliser l'opération commerciale envisagée. Prenons un exemple :

Encours théorique fixé par le credit manager :	400 000 francs
Encours actuel utilisé par le client (encours effectif) :	300 000 francs
Encours disponible :	100 000 francs
Affaire nouvelle augmentant l'encours de :	80 000 francs
Nouvel encours :	380 000 francs

Le nouvel encours de 380 000 francs reste inférieur à l'encours théorique de 400 000 francs. En conséquence, l'opération envisagée par la direction commerciale est d'office validée par le credit manager. En cas de dépassement de l'encours théorique, le credit manager doit instruire à nouveau le dossier pour soit augmenter l'encours théorique, en fonction notamment d'éléments nouveaux à rajouter au dossier client, soit le maintenir et donc refuser la nouvelle opération commerciale. La fixation d'un encours théorique à zéro franc signifie bien évidemment que le credit manager refuse toute affaire avec le client considéré.

La notion d'encours est donc très intéressante. Cependant, entre le credit manager et la direction commerciale, les règles de fonctionnement doivent être claires. En principe, un encours fixé doit pouvoir être revu (à la hausse comme à la baisse) à tout moment par le credit manager. Cela signifie en fait que le credit manager doit pouvoir s'opposer à toute nouvelle affaire, même si au moment où la direction commerciale a entamé des démarches avec tel ou tel client, le credit manager n'avait pas encore émis d'opinion défavorable. La notion d'encours théorique n'implique donc pas une « signature en blanc » de la part du credit manager, mais permet simplement un gain de temps considérable dans le traitement des affaires qui « à priori » ne posent pas de difficultés.

En l'espèce, il y a lieu de porter une attention toute particulière sur un point : la circulation de l'information tenant à la qualité de la clientèle et précisément à l'encours disponible dont bénéficie chaque client. L'ensemble des commerciaux de l'entreprise peut-il avoir accès directement au dossier de chaque client (et donc à son encours disponible) ? La réponse n'est pas si triviale qu'il n'y paraît. En effet, d'une part, l'utilisation des notions d'encours théorique et disponible peut rendre plus efficientes les actions quotidiennes des commerciaux (dans la mesure où ils savent, avant même de démarcher leur client, de quel potentiel d'affaires ils disposent), mais d'autre part, risque d'induire un comportement négatif « d'autocensure » (car certains commerciaux sont alors tentés de cesser toute démarche de prospection vis à vis des clients dont l'encours disponible est trop faible, mais qui pourrait être augmenté facilement par le credit manager). Ce danger est bien réel. Et le credit manager doit être capable de le prévenir. En pratique, il est souhaitable que les commerciaux ne disposent pas des encours disponibles en accès direct (sur écran notamment) mais que cette information ne soit utilisée que par la direction commerciale afin qu'elle puisse en tenir compte (avec circonspection) dans la fixation des objectifs de chacun de ses commerciaux. Bien entendu, ces propos doivent être largement modulés en fonction de la taille de l'entreprise considérée.

4.2.2. La portée des décisions du credit manager

Le credit manager, en fonction des renseignements dont il dispose au cours du temps, doit donc en permanence faire évoluer l'encours théorique fixé pour chaque client. Cette évolution relève donc de la seule responsabilité du credit manager et en principe personne ne doit pouvoir s'opposer à une de ses décisions. Cet aspect pose une question cruciale, si ce n'est la question essentielle du réel poids que doit avoir le credit manager au sein de l'organisation. Certains défendent la thèse qui consiste à retenir que par définition, le président de l'entreprise (ou son gérant le cas échéant) reste seul décideur en matière de gestion. D'autres, parmi lesquels beaucoup de praticiens du credit management (et l'on ne s'en étonnera guère) considèrent que, dans son domaine bien particulier, le credit manager doit être l'unique décideur. Il semble qu'il soit possible, en effet, de défendre cette seconde approche. Car dans le cas contraire, il sera finalement toujours plus ou moins possible, si ce n'est de contourner, « d'aménager » les décisions du credit manager en ayant recours à la direction générale. Ceci est fréquent et l'expérience suggère que seul un credit manager indépendant et autonome permet une lutte efficace contre le risque d'impayé, unique raison d'être du credit management. En contrepartie, puisqu'il est seul décideur, il doit endosser la pleine responsabilité de ses actes, et savoir, le cas échéant, en tirer les conséquences qui s'imposent...

Mais si le credit manager doit être autonome, cela pose la question de son contrôle. Qui doit donc contrôler son action ? Dans les banques, les services d'inspection assurent notamment l'audit de l'exploitation et permettent d'évaluer, par exemple, le niveau des provisions à comptabiliser. De la même manière, dans l'entreprise, il est souhaitable que l'action du credit manager soit évaluée chaque année, par exemple, pendant la période de préparation du bilan. Cette tâche peut être effectuée par la direction financière ou la direction générale (de préférence), un service d'audit interne (lorsqu'il en existe un), ou encore un cabinet d'audit extérieur. Cette action de contrôle est fondamentale car elle permet au credit manager d'augmenter l'efficacité de son travail de prévention des risques financiers (sur ce point, se reporter à l'annexe 3).

CHAPITRE II

Le credit-scoring

Quel credit manager n'a pas cherché à mettre au point un système susceptible de lui permettre de quantifier avec la plus grande sécurité le risque de défaillance de ses partenaires commerciaux ? Sans doute aucun. Mais en fait, au risque de décevoir, il n'existe pas de scoring parfait. Le credit-scoring ne peut être qu'une aide, mais il n'en est pas moins une aide efficace, à condition de l'utiliser convenablement. La difficulté du credit-scoring n'est pas, contrairement à ce que beaucoup croient, dc réussir à mettre au point la fonction de score, mais d'être capable de bien l'utiliser. En France, les sociétés financières et les banques (essentiellement celles spécialisées dans le crédit aux particuliers) furent parmi les premières à utiliser des fonctions de credit-scoring. Ce n'est que dans un second temps qu'elles essayèrent d'appliquer la même démarche à leur clientèle d'entreprises. Avec un succès assez mitigé, sans doute en raison d'une mauvaise intégration de leur système de credit-scoring dans leur process de décision. Aujourd'hui d'ailleurs, assez peu d'établissements de crédit utilisent systématiquement le credit-scoring entreprises alors que la plupart des credit managers l'utilise. Mais le fait que le credit manager soit seul dans l'organisation à manier un tel système lui en facilite sensiblement l'utilisation.

1. Les objectifs du credit-scoring

L'objectif premier du credit-scoring est de déterminer un score, c'est à dire un niveau chiffré sensé être la représentation d'un certain risque pour le prêteur. Ce score est obtenu par la prise en compte de différents paramètres dont le choix est important quant à la capacité « prédictive » du système.

Après la réalisation de cette évaluation chiffrée, il suffit d'intégrer le score obtenu dans une grille d'appréciation préalablement « étalonnée ». La lecture d'un score suppose en effet la détermination d'une grille de risque, laquelle permettra l'interprétation du chiffre obtenu qui aidera à la prise de décision finale du prêteur.

1.1. Définition et méthodes

1.1.1. La quantification du risque

L'objectif de la fonction de score est de déterminer un nombre compris entre deux bornes, la borne inférieure et la borne supérieure. Généralement, le scoring le plus faible correspond au risque le moins important, et le plus fort au plus mauvais risque. Ainsi le scoring du débiteur « idéal » doit être égal au montant de la borne inférieure. Celle-ci peut éventuellement correspondre à la valeur 0, bien qu'il soit plus réaliste qu'elle soit non nulle dans la mesure où toute opération présente un certain degré de risque, si minime soit-il. Cette opération de traduction du risque en une valeur est l'objectif et la raison d'être du credit-scoring. Il détermine donc une relation entre un débiteur et un niveau de risque souvent estimé en points. Parfois il peut être utile de transformer ces « points de risque » en encours (sur ce point se reporter à la partie 4.2. du précédent chapitre). C'est ensuite la connaissance de ce niveau de risque qui permettra au credit manager d'accepter ou non la réalisation de l'opération envisagée. Si le calcul du score est en lui-même une opération simple et peu contestable, le score obtenu doit être pris en compte avec recul et discernement. En effet, si l'on considère deux entreprises que l'on juge très différentes, il se peut très bien que leur scoring détermine un même niveau de risque, du seul fait que la note finale est obtenue par sommation de différents paramètres. Par exemple, une entreprise dotée d'une excellente structure de bilan, avec un niveau de rentabilité assez faible pourra peut-être obtenir la même note qu'une entreprise dont les caractéristiques majeures sont un bilan mal structuré et une très forte rentabilité. Le score ne détermine en fait qu'une probabilité de défaillance, calculée à une date donnée. Deux opérations de scoring présentant les mêmes résultats peuvent donc cacher des réalités bien différentes.

1.1.2. La détermination des zones de risques et la lecture du score

Avant de procéder à une quelconque interprétation du score obtenu, le credit manager doit mettre au point une « grille de lecture » résultant de différents étalonnages. Cette grille détermine l'existence de différentes zones de risque. A titre illustratif, considérons la grille suivante (en supposant qu'elle intègre les caractéristiques de l'opération de crédit, ce qui n'est pas toujours le cas, sur ce point se reporter à la partie 2.2. du présent chapitre) :

Score compris entre borne inf.	et	150	risque très faible, accord quant à l'opération envisagée
Score compris entre 151	et	200	risque faible, accord quant à l'opération envisagée
Score compris entre 201	et	250	risque moyen, accord après seconde analyse de l'assistant credit manager
Score compris entre 251	et	300	risque fort, accord après seconde analyse du credit manager
Score compris entre 301	et	350	risque très fort, accord après visite client et audit complet
Score compris entre 351	et borne sup.		risque insupportable, refus automatique du credit manager

La détermination des zones de risque doit être réalisée par le credit manager soit à l'aide des seuls renseignements que peut lui fournir son fichier de clients, soit en les croisant avec d'autres sources externes à l'entreprise : il procédera aux analyses de ses meilleurs clients, de ses clients les plus à risque, des entreprises qui ont cessé leur activité... Mais une fois ce travail réalisé, il devra déterminer, éventuellement en accord avec la direction générale selon la taille de l'entreprise, les différents seuils de score à prendre en compte. Il est très rare, en matière de credit-scoring entreprises, que seul le score obtenu détermine la décision du credit manager. Le plus souvent, il n'est qu'un élément d'appréciation parmi d'autres. L'exemple de grille d'interprétation fourni ci-dessus montre à quel point la détermination des zones de risque est une étape importante. Elle correspond véritablement au niveau de risque que le credit manager accepte.

1.2. Intérêts et limites

1.2.1. Un outil d'aide à la décision et de délégation

Comme nous le précisions ci-dessus, le credit-scoring permet d'aboutir à un résultat chiffré associé à un certain niveau de risque qu'acceptera ou refusera le credit manager, dans la mesure où il correspond à une probabilité de défaillance du client. Il présente donc un caractère aléatoire : une entreprise défavorablement notée peut très bien s'avérer à terme plus solvable qu'une autre préalablement mieux notée. En fait, la seule chose que l'on puisse affirmer avec certitude, est que si l'on considère un ensemble constitué de plusieurs clients défavorablement scorés et un autre ensemble de clients plus favorablement appréciés par le système de score, la probabilité de rencontrer un débiteur défaillant est plus importante dans le premier groupe. D'ailleurs, certains commerciaux à qui le credit manager a refusé certaines affaires à cause d'un scoring défavorable ne manquent pas de lui signaler, quelques mois ou quelques années plus tard, que ledit débiteur à risque est encore en vie... Dans ce contexte, il faut donc toujours rappeler, avec humilité, que le scoring n'offre que des probabilités, jamais de certitudes. Le credit-scoring n'est donc qu'un outil d'aide à la décision. En réalité, en l'absence d'informations complémentaires (le credit manager évolue toujours dans un univers où la qualité et la quantité des informations disponibles sont restreintes), le verdict du score peut être l'élément central fondant la décision finale du credit manager. Par contre, ci celui-ci dispose d'informations complémentaires de nature à infléchir la tendance initiale déterminée par le score, il doit en tenir compte. En fait, le scoring ne doit fonder une décision qu'en l'absence d'autres éléments.

Egalement, la grille présentée plus haut montre en quoi le credit-scoring est un outil de délégation. En effet, il est possible de considérer, par exemple, qu'en deçà d'un score de 200 points, toute personne, y compris la moins qualifiée appartenant au service du credit manager (ou même tout commercial ayant éventuellement accès au système de calcul), peut valider une commande client. En ce sens, le credit-scoring est aussi un outil d'organisation. En réalité, ce rôle ne peut lui être accordé qu'à la condition que le credit manager dispose d'un recul suffisant dans l'analyse et le contrôle de la fonction de scoring mise en place. Cet outil d'organisation peut fonctionner de plusieurs manières. Le critère déterminant peut être le niveau du score obtenu sur tel ou tel débiteur, dans ce cas, si le score ne dépasse pas la limite de l'opérateur, celui-ci pourra valider, seul, la commande du client. Par exemple, dans le cas d'une entreprise organisée en centres régionaux de profit et de décision, le responsable commercial peut disposer par exemple d'une limite de 200 points, le credit manager régional de 350 points, et le credit manager être compétent pour tous les autres dossiers tout en disposant (cela doit être le cas) d'un droit de veto sur tous les dossiers traités en région. Ou bien le critère de délégation correspond à un montant d'opération. Dans cette hypothèse, un credit manager régional peut disposer d'une limite de x francs (montant correspondant à une opération ponctuelle). Ce cas de figure présente au moins l'inconvénient suivant : un credit manager régional peu performant dans son travail de détection du risque pourra accepter seul plusieurs « petits » dossiers dans la limite de ses prérogatives et faire courir un risque important pour son entreprise dans la mesure où une multitude de petits mauvais dossiers fait naître un risque important.

1.2.2. Ses limites

Les limites du credit-scoring se déduisent naturellement des éléments évoqués ci-dessus. Aucun système de scoring n'est infaillible. Prévoir un risque de défaillance n'est jamais sans risque d'erreur. Une entreprise en bonne santé à une date donnée peut être en situation d'insolvabilité quinze jours plus tard. Comme nous le signalions au début de cet ouvrage, le fait marquant des dix dernières années est la rapidité avec laquelle des entreprises évoluent vers une situation d'insolvabilité grave.

Par ailleurs, tout système de scoring apparaît figé dans le temps, et il semble bien difficile de concevoir un système où chaque paramètre ferait l'objet d'une pondération dont le taux serait directement variable en temps réel en fonction des dernières statistiques relatives aux causes de défaillances des entreprises. Un tel système serait quasiment impossible à gérer compte tenu du nombre d'informations nécessaires et surtout de leur diversité.

Egalement, il est difficile de concevoir un système de credit-scoring intégrant des éléments qualitatifs de nature objective, le manque des premières fonctions de scoring a été justement de reléguer au second plan (voire même d'ignorer, faute de paramètres précis et surtout difficilement appréciables) des critères tels que la qualité du climat social, la compétence des dirigeants, l'implication des actionnaires, la qualité de la stratégie de l'entreprise... Même s'il est en effet peu aisé d'obtenir des renseignements concernant ces éléments, le credit manager doit tenter de recueillir le maximum d'informations relatives à ces critères. Nous verrons par quels moyens un peu plus loin.

2. La fonction score

L'élaboration de la fonction score, fonction à plusieurs variables, nécessite l'étude préalable d'une population d'entreprises défaillantes afin de déterminer des critères suffisamment discriminants et donc susceptibles d'être des témoins d'alerte efficients. Cette fonction score est donc l'élément central du credit-scoring. Jusqu'à présent, les fonctions de scoring intégraient essentiellement des paramètres financiers (repérables et quantifiables sans difficulté). Désormais, pour être plus efficace et surtout plus complète, la fonction score doit tenir compte d'autres paramètres, sans doute moins saisissables, mais tout aussi fondamentaux. L'avenir d'une entreprise ne peut pas dépendre uniquement de critères financiers. La qualité des hommes qui la composent a un rôle tout aussi, sinon plus, déterminant. L'avenir du credit-scoring est donc à l'intégration d'autres critères plus qualitatifs.

2.1. Caractéristiques d'une fonction score

Une des qualités premières d'une fonction de scoring est d'être simple, ce qui ne signifie pas simpliste. Ce propos ne recueillera sûrement pas l'assentiment de tous ceux qui conçoivent des fonctions de score sans trop se soucier d'une part du fait que ces fonctions devront « convaincre » des non financiers et d'autre part qui oublient que l'on mesure leur efficacité à l'usage plus qu'au degré de complexité qu'elles intègrent.

Egalement, la fonction de score doit pouvoir évoluer facilement. Il est en effet indispensable que l'on puisse modifier chacun des paramètres utilisés ainsi que leur pondération sans remettre en cause tout le squelette de la fonction. Un bon système de credit-scoring doit donc être évolutif, faute de quoi le credit manager est condamné d'avance à utiliser une fonction plus ou moins périmée.

2.2. Description des paramètres

2.2.1. Les paramètres quantitatifs

Les principaux paramètres quantitatifs que l'on rencontre sont généralement les ratios fournis par l'analyse financière des comptes de l'entreprise à étudier, tels que :

Les ratios de structure financière :

Fonds propres/Passif	Fonds de roulement/ Besoin en fonds de roulement
Capitaux permanents/Passif	Dettes à long et moyen terme/Passif
Actif circulant/Actif	Passif circulant/Passif
Dettes à long terme/Fonds propres (levier financier)	Trésorerie passive/ Passif
Besoin en fonds de roulement global/Actif	Stocks/Besoin en fonds de roulement

Les ratios de liquidité :

Trésorerie active/ Trésorerie passive	Dettes à court terme bancaires/Passif
Dettes à court terme bancaire/ Chiffre d'affaires	(Caisse + VMP)/ Dettes à court terme

Les ratios de rentabilité :

Résultat net/Fonds propres	Résultat net/ Capitaux permanents
Résultat net/Actif	Capacité d'autofinancement/ Dettes à long terme
Résultat net/Chiffre d'affaires	Valeur ajoutée/ Chiffre d'affaires
Excédent brut d'exploitation/ Chiffre d'affaires	Frais de personnel/ Valeur ajoutée
Capacité d'autofinancement/ Valeur ajoutée	Frais financiers/ Valeur ajoutée
Frais financiers/ Chiffre d'affaires	Résultats cumulés/CA cumulé (sur n exercices)

Les ratios des usances :

(Créances clients et comptes rattachés + effets escomptés et non échus + encours Dailly et factor) * 360/chiffre d'affaires TTC = délai moyen de paiement des clients

Dettes fournisseurs * 360/(achats de marchandises et matières premières + autres charges externes + TVA déduite sur l'année) = délai moyen de paiement des fournisseurs

Stock moyen de marchandises et de matières premières * 360/(achats de marchandises et de matières premières + augmentation des stocks – diminution des stocks) = rotation des stocks

(en considérant stock moyen = 0.5 * (stock initial + stock final))

Mais on trouve également d'autres critères tels que :

La taille du débiteur : généralement renseignée par la connaissance du niveau de son chiffre d'affaires. Le nombre de ses salariés peut aussi être utilisé.

Sa part de chiffre d'affaires à l'exportation : non sans générer certains risques (en particulier le risque de change), elle renseigne sur son taux de dépendance vis à vis du marché intérieur français.

L'évolution de son chiffre d'affaires déflaté : cet indicateur informe aussi bien sur la santé présente que future de l'entreprise. Une stagnation persistante peut être interprétée comme le commencement d'un certain déclin. Une forte hausse du chiffre d'affaires peut, dans certains cas (surtout si la structure financière de l'entreprise n'évolue pas dans le même sens), entraîner de fortes tensions de trésorerie. Au contraire, une hausse continue et modérée est souvent un signe positif.

Le montant de son capital libéré : en effet, d'une manière générale, plus le capital de l'entreprise est faible, plus la probabilité qu'elle soit un jour défaillante est forte.

Le signe de la moyenne de ses trois derniers résultats nets et son montant : sur trois années, le résultat moyen renseigne très bien sur la rentabilité « profonde » de l'entreprise.

La part de ses principaux clients dans son chiffre d'affaires : ce point est important, il permet de mesurer le degré de dépendance du client vis à vis de ses débiteurs.

La cotation de la Banque de France : cette note (pour plus de détails, se reporter à la partie 3.2.1. du chapitre précédent) peut être intégrée dans la fonction de score, en prenant toutefois la précaution de bien la pondérer en fonction de la date à laquelle la Banque de France a pu la mettre. Certains analystes n'intègrent pas cette note dans la mesure où elle peut paraître redondante, puisqu'en principe elle tient compte d'éléments déjà appréciés dans la fonction de score. On peut aussi la considérer comme un élément de confirmation ou d'infirmation du score.

Par ailleurs, certains systèmes intègrent dans le calcul du score des éléments relatifs à la nature de l'opération de crédit envisagée. Par exemple, il est possible d'insérer dans la fonction score plusieurs paramètres tels que le montant du risque, sa durée, la nature du produit vendu… Cependant cette approche présente l'inconvénient d'associer à la quantification d'un risque intrinsèque la prise en compte de ce qui n'est qu'une opération ponctuelle. En fait l'essentiel est surtout que le credit manager intègre, dans son travail d'analyse, le montant du risque encouru, que ce soit dans la fonction de score ou après le scoring. Signalons que l'intégration du risque dans la fonction de score présente notamment l'inconvénient de limiter toute comparaison de scoring dans le temps, compte tenu du fait qu'il n'y a a priori aucune raison pour que deux affaires concernant un même client portent sur un montant identique.

En fait, le credit manager devra choisir, en fonction de son marché, de ses clients, mais aussi de son expérience dans la détection des clients à risque, les critères qu'il souhaite intégrer dans la fonction de score.

2.2.2. Les paramètres qualitatifs

Le credit-scoring, pour être plus efficace, doit intégrer, si possible, un certain nombre de critères qualitatifs dans la mesure où nombreux sont les aspects non financiers qui conditionnent la réussite d'une entreprise. Précisons quels sont ces points et surtout comment être en mesure de les apprécier. D'une manière générale, il est possible de considérer que ces aspects qualitatifs sont d'autant plus primordiaux que la taille du débiteur est petite. Si l'importance de la compétence des dirigeants d'une grande entreprise est loin d'être négligeable, il va de soi que pour une PME, ce critère est absolument fondamental. Précisons sur quels points le credit-scoring devra notamment porter, avant de voir comment l'information pourra être recueillie par le credit manager :

Le secteur d'activité : il est en effet possible de déterminer un taux de défaillance moyen par secteur d'activité, sachant qu'une entreprise évoluant dans un secteur à risque présente elle-même un risque plus important, toutes choses égales par ailleurs, qu'une autre entreprise appartenant à un secteur où ce taux est plus faible. Toutefois, l'appartenance à un secteur difficile ne doit pas être un facteur trop discriminant dans la fonction de score dans la mesure où la faiblesse des acteurs d'un secteur peut aussi renforcer la position de ceux qui présentent une solide structure financière. La pondération de ce paramètre doit tenir compte de cet effet.

La pluralité de décideurs : les entreprises qui sont susceptibles de mourir lors de la disparition de leur dirigeant sont extrêmement nombreuses. Il va de soi que l'existence d'une pluralité de décideurs est un facteur de minoration du risque. Pour l'apprécier, il suffit de connaître quelque peu l'histoire de son client. Les commerciaux peuvent souvent apporter une aide précieuse au credit manager sur ce point.

La compétence des décideurs : elle peut être évaluée assez facilement par le credit manager. Il convient de croiser plusieurs paramètres tels que l'âge du dirigeant principal, ses diplômes, son expérience. Il va de soi qu'un tout jeune dirigeant sans expérience et sans formation présente un degré de risque plus important qu'un autre dirigeant parfaitement expérimenté et formé.

L'âge du débiteur : ce critère est assez explicite si l'on observe le taux de défaillance des entreprises en fonction de leur âge. En effet, en moyenne, en France et depuis une dizaine d'année, moins d'une entreprise sur dix dépasse huit ans d'activité. Le risque semble maximal au terme de la première année (le temps que l'entreprise épuise ses fonds propres) et décroît ensuite très légèrement avec le temps.

La qualité du climat social : cet aspect, même s'il n'est pas déterminant, présente tout de même un certain intérêt. Il est possible de l'apprécier en connaissant le turn-over du débiteur, ou encore le nombre de jours de grève qu'il a subi au cours de l'exercice.

La forme juridique du débiteur : statistiquement, les professions libérales (conseils, avocats, notaires, médecins) sont des débiteurs nettement moins à risque que les petites entreprises au capital de 50 000 francs. Les sociétés anonymes présentent elles aussi moins de risque que les sociétés de personnes, où la responsabilité de leurs associés n'est pas limitée au montant de leurs apports.

L'existence d'un service de contrôle de gestion : souvent, ceci marque un souci de gestion rigoureuse et doit être interprété comme un signe plutôt favorable.

Le recueil de ces informations peut s'effectuer à l'occasion du travail des commerciaux. Il est possible de les inciter à collecter ce genre de renseignements lors de leurs visites en clientèle ou à l'occasion de leurs contacts téléphoniques – en vérifiant si possible l'authenticité des informations recueillies. Ou bien, ces renseignements peuvent être obtenus directement auprès des clients en leur demandant, une fois par an par exemple, de bien vouloir remplir un questionnaire simple comprenant les principales questions évoquées ci-dessus. Bien souvent, contrairement à ce que l'on peut imaginer, les clients acceptent d'y répondre, ne serait-ce éventuellement que pour appliquer cette méthode à l'analyse de leurs propres clients… Tout refus de leur part devra être considéré comme un signe défavorable. Au credit manager de faire comprendre à ses clients l'intérêt qu'ils ont à fournir ce genre de renseignements.

3. Elaboration d'une méthode de credit-scoring multi-sectoriel

Il convient maintenant de sélectionner un certain nombre de critères quantitatifs et qualitatifs afin de mettre au point une fonction de scoring multi-sectoriel. Valable pour tous les secteurs d'activité, elle est essentiellement adaptée à l'étude d'un portefeuille de clients principalement constitué de petites et moyennes entreprises. L'objet de ce chapitre n'étant pas de présenter les différentes méthodes statistiques de corrélation qui sont nécessaires à la détermination des critères discriminants (avec plus ou moins de succès dans la mesure où l'application de ces méthodes nécessite souvent l'énoncé d'hypothèses assez fortes), mais simplement de montrer une fonction de score qui donne des résultats que nous considérons comme assez réalistes.

3.1. Sélection des critères quantitatifs

Critère n°1 (C1) :

*Résultat financier * 100/Chiffre d'affaires*

Valeurs possibles du ratio et points attribués :

positif ou nul :	0 point
dans l'intervalle]–3 % ; 0 % [	20 points
dans l'intervalle]–5 % ; –3 %]	70 points
inférieur à –5 %	150 points

Critère n°2 (C2) :

Résultat net moyen des 3 derniers exercices
** 100/chiffre d'affaires moyen des 3 derniers exercices*
(si le nombre d'exercices est inférieur à 3,
remplacer 3 par 2 ou 1)

Valeurs possibles du ratio et points attribués :

supérieur à 7 %	0 point
dans l'intervalle]5 % ; 7 %]	10 points
dans l'intervalle]3 % ; 5 %]	20 points
dans l'intervalle]0 % ; 3 %]	50 points
dans l'intervalle]–3 % ; 0 %]	70 points
dans l'intervalle]–5 % ; –3 %]	80 points
inférieur à – 5 %	100 points

Critère n°3 (C3) :

*Fonds propres * 100/Total passif*

Valeurs possibles du ratio et points attribués :

supérieur à 30 %	0 point
dans l'intervalle]15 % ; 30 %]	20 points
dans l'intervalle]5 % ; 15 %]	50 points
dans l'intervalle]0 % ; 5 %]	100 points
dans l'intervalle]–5 % ; 0 %]	150 points
dans l'intervalle]–10 % ; –5 %]	200 points
inférieur à – 10 %	300 points

Critère n°4 (C4) :

Dettes financières à long terme/
Capacité d'autofinancement

Valeurs possibles du ratio et points attribués :

supérieur à 6 ou négatif	100 points
dans l'intervalle]4,5 ; 6]	80 points
dans l'intervalle]3 ; 4,5]	40 points
dans l'intervalle]1 ; 3]	20 points
dans l'intervalle]0 ; 1]	0 point

Critère n°5 (C5) :

*Dettes fournisseurs * 360/*
(Achats de march. et mat. premières et var. stocks TTC)

Valeurs possibles du ratio et points attribués :

supérieur à 200 jours	100 points
dans l'intervalle]150 ; 200]	90 points
dans l'intervalle]100 ; 150]	80 points
dans l'intervalle]60 ; 100]	40 points
dans l'intervalle]30 ; 60]	30 points
dans l'intervalle]10 ; 30]	0 point
dans l'intervalle]0 ; 10]	20 points

Critère n°6 (C6) :
Besoin en fonds de roulement/Fonds de roulement

Valeurs possibles du ratio et points attribués :

si BFR et FDR positifs	
supérieur à 4	200 points
dans l'intervalle]3 ; 4]	150 points
dans l'intervalle]2 ; 3]	70 points
dans l'intervalle]1 ; 2]	50 points
dans l'intervalle]0 ; 1]	0 point
si BFR négatif et FDR positif	0 point
si BFR et FDR négatifs avec BFR < FDR	50 points
si BFR et FDR négatifs avec FBR > FDR	200 points

(données à considérer en valeur algébrique)

Critère n°7 (C7) :
Montant du chiffre d'affaires hors taxes

Valeurs et points attribués :

supérieur à 2 milliards de francs	0 point
dans l'intervalle]1 ; 2]	5 points
dans l'intervalle]500 mf ; 1 000 mf]	8 points
dans l'intervalle]300 mf ; 500 mf]	10 points
dans l'intervalle]200 mf ; 300 mf]	20 points
dans l'intervalle]100 mf ; 200 mf]	30 points
dans l'intervalle]50 mf ; 100 mf]	40 points
dans l'intervalle]20 mf ; 50 mf]	50 points
dans l'intervalle]10 mf ; 20 mf]	60 points
dans l'intervalle]5 mf ; 10 mf]	80 points
dans l'intervalle]2 mf ; 5 mf]	90 points
dans l'intervalle]1 mf ; 2 mf]	100 points
dans l'intervalle]500 kf ; 1 mf]	150 points
dans l'intervalle]300 kf ; 500 kf]	200 points
dans l'intervalle]0 ; 300 kf]	300 points

Critère n°8 (C8) :

Montant du capital entièrement libéré

Valeurs et points attribués :

supérieur à 500 millions de francs	0	point
dans l'intervalle]100 mf ; 500 mf]	5	points
dans l'intervalle]50 mf ; 100 mf]	10	points
dans l'intervalle]10 mf ; 50 mf]	15	points
dans l'intervalle]5 mf ; 10 mf]	30	points
dans l'intervalle]2 mf ; 5 mf]	40	points
dans l'intervalle]1 mf ; 2 mf]	50	points
dans l'intervalle]500 kf ; 1 mf]	80	points
dans l'intervalle]250 kf ; 500 kf]	100	points
dans l'intervalle]100 kf ; 250 kf]	150	points
dans l'intervalle]50 kf ; 100 kf]	200	points
dans l'intervalle]0 kf ; 50 kf]	250	points
néant (responsabilité illimitée)	80	points

Critère n°9 (C9) :

Comparaison entre,

[(CA n – CA n–1) * 100/CA n–1] = VAR CA

et [(FDR n – FDR n–1) * 100/FDR n–1] = VAR FDR

(chaque pourcentage de variation étant positif ou négatif, on notera respectivement dans ces cas :

VAR + CA, VAR–CA, VAR + FDR, VAR–FDR)

Possibilités et points attribués :

VAR CA = VAR FDR	0	point
VAR–CA et VAR + FDR	0	point
VAR + CA < VAR + FDR	0	point
VAR–CA < VAR–FDR	100	points
VAR + CA > VAR + FDR et leur rapport est ≤ 1,2	100	points
VAR–CA > VAR–FDR	100	points
VAR + CA > VAR + FDR et leur rapport est ≥ 1,2	200	points
VAR + CA et VAR–FDR	300	points

3.2. Sélection des critères qualitatifs

Critère n°10 (C10) :

Appartenance sectorielle et activité (critères croisés)

Nature et points attribués :

Etat et entreprises publiques	0 point
Médecins, notaires, huissiers	10 points
Avocats, autres professions libérales	20 points
Cliniques privées	60 points
Grande distribution alimentaire	10 points
Industrie chimique	15 points
Agriculture	40 points
Enseignement privé	50 points
Transports	100 points
Autres services	80 points
BTP	90 points
Commerce non alimentaire	80 points
Informatique (SSII) et vente de produits	80 points
Industrie armement	10 points
Automobile	30 points
Chantiers navals	70 points
Autres industries	50 points
Textile	60 points

Critère n° 11 (C11)

Importance du dirigeant principal dans la structure

Nature et points attribués :

dirigeant seul et quasiment irremplaçable	200 points
dirigeant difficilement remplaçable	150 points
dirigeant facilement remplaçable	0 point

Critère n° 12 (C12) :
Compétence du dirigeant principal

Nature et points attribués

expérience de plus de 10 ans et diplôme bac + 4 minimum en gestion ou droit	0	point
expérience de plus de 5 ans et moins de 10 ans et mêmes diplômes	20	points
expérience de moins de 5 ans et mêmes diplômes	40	points
expérience de plus de 10 ans et autres diplômes	30	points
expérience de plus de 5 ans et moins de 10 ans et autres diplômes	70	points
expérience de moins de 5 ans et autres diplômes	100	points

Critère n° 13 (C13) :
Age du débiteur

Valeur et points attribués

âge inférieur à 1 an	300	points
dans l'intervalle [1 an ; 2 ans [	250	points
dans l'intervalle [2 ans ; 4 ans [	250	points
dans l'intervalle [4 ans ; 6 ans [	200	points
dans l'intervalle [6 ans ; 10 ans [	100	points
dans l'intervalle [10 ans ; 20 ans [	20	points
au delà de 20 ans	0	point

Critère n° 14 (C14) :
Climat social

Caractéristiques et points attribués

Turn-over (sorties/effectifs)		
supérieur ou égal à 10 %	100	points
dans l'intervalle]5 % ; 10 % [	50	points
inférieur à 5 %	0	point

3.3. Enoncé de la fonction score

3.3.1. Pondération de chaque critère

Deux méthodes de pondération des différents critères sont possibles. Soit on fait varier les points attribués pour chaque critère en fonction de l'importance relative que l'on y porte (par exemple si l'on considère que le critère CX est deux fois plus important que le critère CY, les points attribués au regard du critère CY seront deux fois ceux du critère CX, et l'on procède ensuite à la sommation simple (sans l'application de coefficients correcteurs) pour obtenir le score final. Ou bien les points attribués au regard de chaque critère sont les mêmes et l'opération de sommation de tous les points se fait en multipliant les points obtenus de chaque critère par un coefficient représentant l'importance relative que l'on y porte. En l'espèce, la méthode utilisée est mixte, puisque les points attribués ne sont pas les mêmes pour chaque critère, lequel est ensuite pondéré dans l'opération de sommation.

Egalement, il est possible de diviser le score en deux « sous-scores », l'un se rapportant aux critères quantitatifs, l'autre aux critères qualitatifs, ou bien de cumuler tous les critères sans faire apparaître cette distinction. Néanmoins celle-ci est assez parlante et nous préconisons de la faire apparaître. Le score final sera donc obtenu en sommant les deux « sous-scores » à l'aide d'une pondération en fonction de l'importance relative que l'on porte aux critères quantitatifs et qualitatifs. En règle générale, le domaine quantitatif doit prédominer. Il est courant de rencontrer la pondération suivante :

Domaine quantitatif : 60 %
Domaine qualitatif : 40 %
Cette pondération est celle que nous appliquerons.

Pondérations des critères quantitatifs

C1	(résultat financier/chiffre d'affaires)	09 %
C2	(résultat moyen/chiffre d'affaire moyen)	12 %
C3	(fonds propres/total passif)	18 %
C4	(dettes financières à long terme/CAF)	08 %
C5	(délai fournisseurs)	14 %
C6	(BFR/FR)	10 %
C7	(niveau du chiffre d'affaires)	14 %
C8	(montant du capital)	10 %

C9 (évolution du chiffre d'affaires) 05 %

Total 100 % (coefficient 0,60)

Pondérations des critères qualitatifs

C10 (secteur et activité) 15 %
C11 (importance relative du dirigeant) 20 %
C12 (compétence du dirigeant) 30 %
C13 (âge de l'entreprise) 35 %
C14 (climat social) 05 %

Total 100 % (coefficient 0,40)

Ces différents coefficients (que le credit manager peut faire varier en fonction de la nature des entreprises dont il cherche à évaluer le risque de défaillance) ont été déterminés en fonction de l'importance relative que nous accordons aux différents critères énoncés et d'un certain nombre de données statistiques relatives aux causes de défaillances des entreprises, aux problèmes structurels que rencontrent notamment les petites et moyennes entreprises, ainsi qu'à notre propre expérience du risque clients.

3.3.2. Fonction score

La fonction score peut donc s'écrire :

F (C1, C2, C3,…., C14)

= 0,60 * [0,09 * C1 + 0,12 * C2 + 0,18 * C3 + 0,08 * C4 + 0,14 * C5 + 0,10 * C6 + 0,14 * C7 + 0,10 * C8 + 0,05 * C9] + 0,40 * [0,15 * C10 + 0,20 * C11 + 0,30 * C12 + 0,35 * C13 + 0,05 * C14]

avec Ci = nombre de points attribués pour le critère i et ∈ i [1 ; 14]

La valeur minimale de la fonction se calculant en effectuant les sommes pondérées des plus petits Cn, et la valeur maximale des plus grands Cn, elles-mêmes sommées et pondérées par les deux coefficients 0,60 et 0,40.

Il vient :

Score minimum (risque de défaillance le plus faible)

= 0 points

Score maximum (risque de défaillance le plus fort)

= 0,60 * 203,5 + 0,40 * 195 points

= 200,10 points

Grille de lecture du score

Score compris entre 0 et 44 points	très faible risque de défaillance
Score compris entre 45 et 79 points	faible risque de défaillance
Score compris entre 80 et 109 points	risque moyen de défaillance
Score compris entre 110 et 149 points	risque significatif de défaillance
Score compris entre 150 et 200,10 points	risque très important de défaillance

Il est également possible de relier le score obtenu au montant de l'encours maximum que pourra accepter le credit manager en fonction par exemple du critère C7 (chiffre d'affaires du débiteur). Pour obtenir le montant de l'encours maximum, on peut procéder au calcul suivant que le credit manager pourra affiner en fonction des caractéristiques propres de sa clientèle.

Considérons les éléments suivants,

Montant de l'encours maximum autorisé	= M
Score	= S
Chiffre d'affaires	= C

$M = F(S, C)$, avec $dF/dS < 0$ et $dF/dC > 0$

La fonction de détermination de l'encours est donc fonction décroissante du score et croissante du chiffre d'affaires. Elle doit décroître lentement pour des valeurs de score comprises entre 0 et 40 environ, puis ensuite tendre vers 0 au fur et à mesure que le score s'élève. Entre 150 et le score maximal, elle doit être très proche de 0. Bien qu'il eût été assez aisé de définir plusieurs fonctions par intervalles, la fonction suivante correspond assez bien au résultat recherché :

$$M = \alpha * \exp(-S^2/\beta) * C$$

Si l'on écarte le facteur C, α correspond à l'ordonnée à l'origine, en effet,

$F(0, C) = \alpha * C$ et αC est l'encours maximal pour une entreprise très peu risquée.

Cette fonction trouve donc son maximum en $S = 0$, et offre un point d'inflexion d'abscisse S telle que :

F'' (S, C) = 0 or,
F'' (S, C) = 0

si et seulement si	(αC) étant considéré comme un simple coefficient
	$d^2 [\exp(-S^2/\beta] / dS^2 = 0$
soit,	$d [(-2S/\beta) \exp(-S^2/\beta)] / dS = 0$
soit,	$(-2/\beta) \exp(-S^2/\beta) + (-2S/\beta)(-2S/\beta) \exp(-S^2/\beta) = 0$
soit	$(-2/\beta) \exp(-S^2/\beta) [1 - 2S^2/\beta] = 0$
or,	(–2/β) et la fonction exponentielle ne pouvant prendre la valeur zéro, il vient
	$2S^2 = \beta$, c'est à dire $S = \sqrt{(\beta/2)}$

Ainsi, si l'on souhaite un point d'inflexion vers le score de 30, on obtient β = 1 800. Egalement, si l'on souhaite que l'encours maximum ne dépasse pas 5 % du chiffre d'affaires du débiteur, il suffit de poser β = 0,05. Ou moins si le credit manager souhaite prendre encore moins de risque.

La fonction recherchée peut donc s'écrire :

$M = 0{,}05 * \exp(-S^2/1\,800) * C$

Prenons quelques exemples d'application :

Considérons un score de 20 points et un chiffre d'affaires de 32 000 000 francs. 20 points correspond à un très bon score, le débiteur est donc peu risqué. Le credit manager pourra donc accorder un encours maximal de 1 281 179 francs.

Considérons un client réalisant le même chiffre d'affaires mais jouissant d'un score bien plus défavorable de 120 points (sa situation est assez mauvaise), l'encours maximum devient 536 francs, soit une somme quasiment négligeable, compte tenu du chiffre d'affaires du débiteur. Si son score était de 70 points (un score témoin d'un risque moyen), l'encours maximum serait 105 165 francs environ. La courbe représentative de l'encours en fonction de S prend la forme suivante :

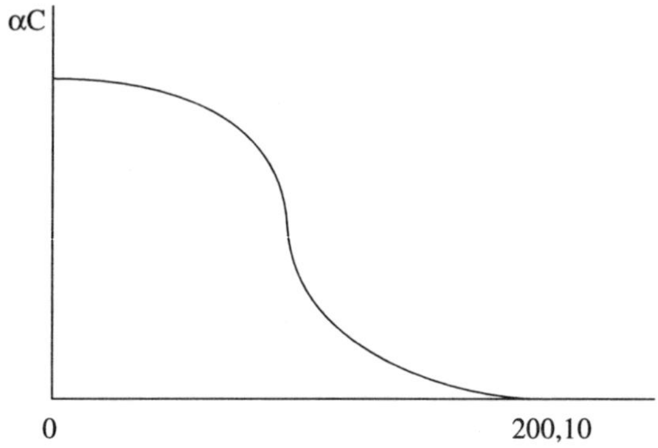

Cette fonction peut donc être modifiée selon le niveau de risque accepté par le credit manager et ce de manière assez simple. Plus le coefficient β choisi par le credit manager est grand et plus le point d'inflexion se décalera vers la droite. Plus le coefficient α sera faible et moins le risque pris sera grand.

4. Application de la fonction à un cas : la société Matic

4.1. Enoncé du cas

Vous êtes credit manager au sein de la société Matic. Créée, il y a un peu plus de 5 ans, cette société est un assembleur de matériels électroniques et de cartes informatiques fabriqués en Asie du sud-est (boîtiers, microprocesseurs, lecteurs, disques durs…). Sa gamme (9 configurations microinformatiques de différentes puissances) est vendue à des distributeurs de matériel (de toutes les tailles). Sa politique de prix est agressive et elle concurrence les plus grandes marques. Alors qu'elle ne réalisait jusqu'à maintenant que 4 % de son chiffre d'affaires avec la société Micro, cette dernière désire acheter du matériel à votre société pour un montant de 20 millions de francs (le délai de paiement habituel est de 60 jours). Bien entendu, la direction commerciale attire nettement votre attention sur le fait que cette commande est la bienvenue compte tenu de la morosité ambiante du marché…

Micro est une SA récente qui a clôturé deux exercices comptables de 12 mois. Son président, Monsieur Campeur est âgé de 28 ans et est titulaire d'un Brevet de Technicien Supérieur en Informatique. Il est entouré d'un comptable, d'un acheteur, de deux techniciens et d'une nouvelle secrétaire (sa deuxième secrétaire) embauchée cette année. Le climat social de son entreprise semble très bon. A l'aide des renseignements financiers fournis ci-après, que décidez-vous ?

Comptes de résultat Micro résumés (en milliers de francs)

	Exercice n–1	**Exercice n**
Stock initial	3 840	2 115
+ Achats HT	+ 18 450	+ 30 057
– Stock final	– 2 115	– 4 056
Prix de revient des march. vendues	20 175	28 116
Chiffre d'affaires HT	27 467	36 860
Marge brute	7 292	8 744
Personnel	5 800	6 900
Autres charges	1 020	1 920
dont frais financiers	450	250
Résultat avant amortissements	472	(76)
Amortissements	81	81
Résultat avant IS	391	(157)
IS	132	0
Résultat net	259	(157)

Bilans à fin d'exercice avant distribution de dividendes (en milliers de francs)

ACTIF

	Exercice n–1	**Exercice n**
Immobilisation corporelles brutes	405	405
– Amortissements	(81)	(162)
Immo. corporelles nettes	324	243
Immo. financières	12	12
Total 1	336	255
Stocks et en-cours	2 115	4 056
Créances clients	6 250	10 248
Autres créances	1 050	650

Disponibilités	128	46
Total 2	9 543	12 000
Total général	9 879	15 255
Effets escomptés et non échus (hors bilan)	1 840	940

PASSIF

	Exercice n–1	**Exercice n**
Capital	250	250
Réserves	0	13
RAN	0	246
Résultat	259	(157)
Total 1	509	352
Emprunts/ établissements de crédits	2 002 (1)	462 (2)
Dettes fournisseurs	4 461	11 454
Autres dettes	902	2 004
Associés	2 005	983
Total 2	9 370	14 903
Total général	9 879	15 255

(1) dont 160 à plus d'un an
(2) dont 130 à plus d'un an

Par ailleurs, lors de sa création, Micro a bénéficié d'un prêt sur 5 ans de 190 000 francs garanti par la caution personnelle de son président. Son capital fut entièrement libéré.

La société n'a jamais distribué de dividendes, en contrepartie, les actionnaires fondateurs ont récupéré une partie de leurs comptes courants.

4.2. Eléments de correction et calcul du score

Eléments relatifs au secteur d'activité de l'entreprise

La vente de micro-ordinateurs est aujourd'hui un domaine très difficile où se côtoient des entreprises de toutes les tailles. Une concurrence acharnée, dans un climat de baisse permanente des prix, des marges de plus en plus faibles….

Informations fournies par l'analyse des comptes

Principaux calculs (détails fournis pour l'exercice n–1) :

	Exercice n–1	**Exercice n**
Fonds de roulement = 509+160–336 =	333	227
Besoin en fonds de roulement global = 2 115+1 840 +6 250+1 050–4 461 –902–2 005 =	3 887	1 453
Trésorerie = 128–1 842–1 840 =	– 3 554	– 1 226
Délai moyen de paiement des clients (6 250 +1 840)* 360/(27 467 * 1.186) =	89 jours	92 jours
Délai moyen de paiement des fournisseurs 4 461 * 360/ (18 450 * 1.186) =	73 jours	115 jours

Commentaires

L'amélioration du BFR cache en réalité un désengagement notoire des associés et des banques (forte baisse des concours bancaires à court terme).

Cela se faisant au détriment des fournisseurs de Micro (hausse importante du poste fournisseurs et accroissement anormal des délais de paiement).

Malgré la nécessité pour Matic de vendre, compte tenu de la conjoncture, cette commande anormalement élevée de Micro est suspecte (sans doute déjà, certains de ses autres fournisseurs refusent-ils de la livrer compte tenu de l'évolution de ses délais de paiement).

Il est clair que le credit manager de Matic devra refuser tout crédit à la société Micro, sauf à demander à être payé d'avance par un chèque de banque, demande qui sera bien entendu faite sans illusion.

Calcul du score

Critère C1	Résultat financier année n/CA n – 250 000/36 860 000 = – 0,67 % Score = 20 points
Critère C2	Résultat net moyen des 2 derniers exercices * 100/chiffre d'affaires moyen des 2 derniers exercices 51 000 * 100/32 163 500 = 0,15 % Score = 50 points
Critère C3	Capitaux propres n * 100/passif total n 352 000 * 100/15 255 000 = 2,3 % Score = 100 points
Critère C4	Dettes à long terme n/CAF n 130 000/– 76 000 = – 1,71 Score = 100 points
Critère C5	Délai moyen de paiement des fournisseurs n 115 jours Score = 80 points
Critère C6	Rapport entre BFR n et FDR n 1 453/227 = 6,4 Score = 200 points
Critère C7	Montant du chiffre d'affaires 36 860 000 francs Score = 50 points
Critère C8	Montant du capital libéré 250 000 francs Score = 150 points
Critère C9	Variations relatives du CA et du FDR évolution du CA : + 34,19 % évolution du FDR : – 31,83 % Score = 300 points
Critère C10	Secteur d'activité informatique Score = 80 points
Critère C11	Importance du dirigeant dans l'entreprise dirigeant seul et quasiment irremplaçable Score = 200 points
Critère C12	Compétence du dirigeant expérience entre 5 et 10 ans et diplômes autres que gestion

	ou droit Score = 70 points
Critère C13	Age du débiteur la société a plus de 2 ans et moins de 4 ans Score = 250 points
Critère C14	Climat social Micro a enregistré un départ (la première secrétaire du président) Turn-over = 1/6 = 16,67 % Score = 100 points

Valeur de la fonction score

F (C1, C2,......C14) = 0,60 * 102 + 0,40 * 165,50 = **127,40 points**

La grille de score indique un risque significatif de défaillance. En effet, ce score confirme bien notre diagnostic. Ceci étant précisé, rappelons, qu'aucun système de credit-scoring ne peut fournir un diagnostic aussi juste qu'une analyse financière méticuleuse.

CHAPITRE III

Autres aspects de la gestion des créances clients

Si la tâche principale du credit manager est la gestion des créances clients dans l'objectif de réduire le risque de non-paiement, il est clair que le recours à d'autres techniques (notamment l'assurance crédit ou le factoring) est de nature à remettre en cause la fonction même de credit management en tant que fonction interne à l'organisation. A priori, l'existence d'un credit manager exclue le recours à ces autres techniques. Mais la fonction n'en est pas moins déplacée vers l'assureur ou le factor. En ce sens, et pour être complet, il convient de traiter de ces autres aspects de la gestion du risque client.

1. Le factoring (affacturage)

Depuis deux ans, le factoring connaît un essor très important. En fait l'affacturage est une réponse (parmi d'autres) à un ensemble de problèmes qui caractérisent notre économie : le nombre croissant d'entreprises en faillite, le manque structurel de fonds propres des entreprises françaises, l'existence de délais de paiement déraisonnables (à cause principalement de ceux de l'Etat, qui depuis plus de quarante ans est devenu un des principaux acteurs de l'économie, non sans conséquences néfastes sur la santé des finances publiques...). Les acteurs qui y ont recours sont essentiellement des petites et moyennes entreprises. Paradoxalement, auprès des patrons, cette technique ne jouit pas d'une réputation aussi bonne qu'elle le devrait. En effet, certains se refusent à l'utiliser car la considèrent onéreuse et peu pratique. Certes, elle ne convient pas à tous les secteurs de l'économie, mais lorsqu'elle est appliquée dans de bonnes conditions, son utilisation peut être tout à fait bénéfique.

1.1. Définition

Il n'existe pas à proprement parler de définition de la technique d'affacturage. C'est en réalité une pratique financière qui relie trois domaines assez différents. La garantie contre les impayés, la gestion des comptes clients et le recouvrement, le financement du poste clients. Concrètement, l'affacturage permet à une entreprise de mobiliser ses créances commerciales, en les réalisant (pour un montant moindre que leur valeur nominale, la différence correspondant à la marge du factor) auprès du factor. Ce dernier en devient donc propriétaire, à charge pour lui de récupérer les sommes qu'il a pu régler au cédant et ceci sans possibilité de recours.

En pratique, les sociétés d'affacturage proposent plusieurs services (plus ou moins liés) à leur clientèle. La garantie contre les risques d'impayés par l'achat pur et simple de tout ou partie du poste clients de l'adhérent (le client du factor), impliquant généralement la gestion complète de ce poste et selon les cas son financement. En effet, une fois l'acte de cession réalisé, le factor peut soit immédiatement payer le montant (moins les diverses commissions) de la créance achetée (en créditant le compte courant de son client) ou simplement délivrer à l'adhérent un billet à ordre (reconnaissance de dette et engagement de la payer à échéance) que l'adhérent pourra (s'il le souhaite) escompter auprès d'un établissement de crédit. Le factoring n'est donc pas toujours une opération de crédit.

Les rapports entre l'adhérent et le factor sont régis par un contrat d'affacturage. Le factor se rémunère par plusieurs commissions selon son niveau d'intervention. Il perçoit une commission d'affacturage laquelle est calculée à partir du montant total toutes taxes comprises des factures remises. Cette commission est variable selon plusieurs paramètres (risque général, valeur moyenne des factures, nombre probable de factures…) et rémunère la tenue des comptes, les frais administratifs induits, le recouvrement et la garantie. Elle se situe à peu près entre 0,5 % et 2,5 %. A cette commission s'ajoute celle correspondant au financement et est comparable aux taux à court terme pratiqués par les banques (le taux est souvent indexé sur le T4M – taux moyen mensuel du marché monétaire – auquel vient s'ajouter une marge).

Avant toute entrée en relation, le factor procédera à une analyse détaillée des comptes et des procédures (bordereaux de livraison, bons de commandes des clients, délais habituels de paiement…) du futur adhérent. Bien entendu, il serait vain de croire que le factor sera moins « regardant » qu'un banquier classique avant l'octroi d'une ligne de crédit. Simplement, le factor tentera d'effectuer un « pricing » au plus juste de la réelle valeur des créances de l'adhérent.

1.2. Conditions et limites

L'affacturage présente de nombreux intérêts : il permet à la fois une gestion sûre du poste clients et son financement. Mais s'il est vrai que beaucoup de factors ont tenté d'assouplir cette technique, elle nécessite tout de même que l'adhérent se dote de procédures claires et transparentes afin que ses créances soient particulièrement certaines et justifiables.

Egalement, sur les factures émises par l'adhérent, doit être inscrite une formule explicite demandant au débiteur de régler sa dette auprès du factor.

La quittance subrogative adressée au factor par l'adhérent (permettant le plein transfert de propriété de la créance cédée) entraîne du même coup la transmission de tous les accessoires de la créance : police COFACE d'assurance contre le risque de change (par exemple) souscrite par l'adhérent ou tout autre contrat lié à la créance cédée.

Une fois le factor titulaire de la créance, à charge pour lui d'être payé par le débiteur cédé. Ce dernier devra donc régler le montant de sa dette pour autant qu'elle soit réelle et certaine. Le débiteur cédé pourra donc tout à fait invoquer la non livraison des marchandises, ou la non réalisation des prestations prévues.

Le secteur du bâtiment et des travaux publics ne se prête pas (sauf conditions très particulières et très rares – chantiers de très petite taille sans avance sur situation, sans pénalités pour retard…) à l'affacturage. Ainsi, il faut avoir conscience du fait que l'affacturage n'est pas une solution miracle, mais qu'il peut, sous certaines conditions seulement, être un outil de gestion efficace. L'idée assez répandue qu'il ne peut constituer qu'une solution temporaire peut être combattue. En effet, il permet parfois de réduire le nombre d'employés chargés de la gestion administrative des comptes clients, ce qui n'est pas sans intérêt compte tenu des charges sociales prohibitives qui pèsent sur les salaires (sur ce point la France détient un record quasiment absolu, même si l'on tient compte des cotisations pratiquées dans les pays socialistes !).

2. L'assurance-crédit

L'assurance-crédit, comme son nom l'indique est une activité relative au domaine de l'assurance stricto sensu, en ce sens qu'elle n'indemnise l'assuré qu'après la réalisation du sinistre. Elle diffère donc de l'affacturage, pratique exclusivement financière. En France, l'offre d'assurance-crédit provient essentiellement de deux géantes, la Compagnie d'Assurance pour le Commerce Extérieur et la Société Française d'Assurance-crédit.

2.1. Définition

Régie par le code des assurances, l'assurance-crédit est une technique d'assurance qui permet à son bénéficiaire d'être indemnisé en cas de pertes dues à l'insolvabilité d'un ou plusieurs de ses clients. D'une manière générale, l'assureur peut garantir en bloc l'ensemble des créances de l'assuré, ou simplement une partie de ses créances. L'assureur détermine un niveau maximum garanti par client dénommé. Il peut, en fonction de critères qui lui sont propres, être amené à réduire le montant garanti, lequel ne devient effectif qu'à compter du moment ou l'assuré en a été informé.

Le contrat d'assurance-crédit est généralement un contrat à durée déterminée susceptible d'être remis en cause par l'une ou l'autre des parties en cas de non-respect par l'une d'entre elles de ses obligations. Les risques garantis doivent être étudiés avec précaution. Il y a en effet une différence marquée entre le non-paiement d'une dette à l'échéance prévue et l'insolvabilité pure et simple d'un débiteur. L'assurance-crédit ne couvre qu'une insolvabilité avérée. Le faits générateurs d'une telle situation, à la lecture des principaux contrats, sont par exemple l'ouverture d'une procédure de redressement judiciaire ou la mise en liquidation du débiteur.

2.2. Intérêts et limites

En pratique, l'assurance-crédit peut s'avérer être un outil utile à la sécurité financière de l'assuré. Néanmoins, encore une fois, il convient de bien comprendre que si ce type d'assurance permet de pallier un temps à des défaillances de clients, il ne peut être une solution définitive. En effet, l'assureur pourra, tout au long du contrat, modifier sa position en fonction du nombre et de l'intensité des sinistres qu'il aura à traiter. Egalement, la garantie offerte n'est pas totale. Généralement, il est rare que les compagnies d'assurances couvrent plus des trois quarts des pertes enregistrées par l'assuré. L'application d'une franchise est en effet une technique très usitée par les assureurs. Egalement, il est souhaitable que le contrat fixe clairement les délais de paiement de l'éventuelle indemnisation, ainsi que l'éventuel plafond annuel que le montant total des sommes versées par l'assureur à l'assuré ne saurait dépasser.

Certaines créances telles que des créances sur des entreprises ayant un lien avec l'assuré sont exclues de la garantie. Egalement, les cas de guerres, de catastrophes naturelles sont exclus. En fait, l'insolvabilité du débiteur doit être une insolvabilité « naturelle ».

Les primes d'assurance versées par l'assuré sont généralement fonction de plusieurs éléments tenant à la qualité des débiteurs garantis, à leur taille, aux secteurs auxquels ils appartiennent…

L'assurance-crédit n'est donc pas un « produit miracle », elle permet simplement d'assurer une partie du montant de ses créances, sous certaines conditions seulement.

3. Le recouvrement des créances

L'action du credit manager doit être une action de prévention. Néanmoins, il est utile d'examiner quels sont les moyens dont il dispose pour recouvrer ses créances. En effet, que la tâche de les recouvrer incombe directement au credit manager ou qu'elle soit déléguée à d'autres acteurs internes ou externes à l'organisation, il convient d'être attentif à cet aspect du credit management. Le credit manager dispose donc d'un certain pouvoir en la matière. Son travail d'analyse et de quantification du risque né de l'activité commerciale dont le fruit est une décision, doit lui donner la possibilité d'imposer (en fonction du rapport de forces qui existe entre l'entreprise et son client) tel ou tel moyen de paiement qu'il considère comme mieux approprié.

3.1. Le choix des supports de paiement

3.1.1. Les supports utilisés en France

La tendance lourde des dernières années est à une certaine dématérialisation des supports de paiement (utilisation de supports informatiques) et cette dynamique doit être considérée comme une bonne chose.

Il existe néanmoins quatre grands procédés de paiement, le chèque, le virement, le prélèvement, l'effet de commerce. Chacun de ces procédés pouvant prendre diverses formes.

L'utilisation du chèque (voir annexe 4), en matière de paiement interentreprises est encore le mode le plus usité. Son utilisation est simple et dans l'ensemble, il constitue un outil assez sûr. En effet, compte tenu du caractère important que prend l'éventuel rejet d'un chèque par une banque, contrairement à la prorogation d'un effet, voire même à son rejet pur et simple, le détenteur d'un chèque valablement émis est véritablement en possession d'un titre de paiement très sûr. Aujourd'hui encore, faire un chèque sans provision est un acte véritablement plus sévèrement sanctionné que le non-paiement d'un effet de commerce. Même si cette différence de traitement peut prêter à débattre, c'est ainsi. Depuis juin 1992, le législateur a même modifié les modalités d'interdiction d'émettre des chèques et les sanctions applicables en cas d'émission de chèque sans provision. Le chèque est en général gratuit et ses dates de valeur excèdent rarement 3 jours. Lorsqu'il prend la forme d'un chèque de banque, il est le moyen de paiement idéal. Il convient parfaitement au règlement comptant. Bien entendu, son porteur ne doit pas avoir omis de vérifier certaines conditions de forme (écritures du montant en chiffres et en lettres, signature de l'émetteur, date et lieu d'émission...). En principe, un chèque peut être établi sur un simple papier pour autant qu'y figurent toutes les mentions nécessaires.

Le virement est un transfert de fonds initié par un donneur d'ordre. Le support peut être papier, magnétique ou faire l'objet d'une télétransmission. D'une manière générale, plus le support est dématérialisé et plus l'opération sera de faible coût. Il n'est pas rare de constater qu'un virement « support papier » coûte vingt fois plus cher qu'un virement télétransmis.

L'opération est en principe gratuite pour le bénéficiaire. Le virement n'est pas mobilisable compte tenu de son échéance généralement incertaine. L'inconvénient majeur de ce moyen de paiement est que son échéance est soumise au bon vouloir du débiteur. Deux types de virements coexistent, le virement « au mieux » et le virement « à échéance garantie ». Dans le premier cas, le banquier du débiteur est simplement tenu de verser les fonds au banquier du créancier à une date convenue, sans que celui-ci n'ait d'obligation particulière quant à la date à laquelle il créditera le compte de son client. Le virement « à échéance garantie » permet au contraire de garantir au créancier la date à laquelle les fonds seront effectivement crédités sur son compte.

Le prélèvement constitue un moyen de paiement assez intéressant dans la mesure où il permet d'éviter bien des erreurs. Ils doit être mis en place le plus souvent possible dans la mesure où la clientèle est de bonne qualité. En effet, en cas de rejet du prélèvement par la banque du donneur d'ordre, le débiteur n'est quasiment exposé à aucune sanction, contrairement au cas où il aurait émis un chèque sans provision. Certains clients n'aiment guère signer des avis de prélèvement, dans la mesure où ils constituent une sorte de blanc-seing au profit de leurs créanciers. Un climat de confiance entre l'émetteur et le débiteur est indispensable. Le créancier devra respecter la cadence des échéances et prévenir à l'avance le débiteur des sommes qu'il aura à décaisser. En cas d'impayé, les avis de prélèvement ne sont pas protestables. Leur paiement ne peut être fractionné.

L'effet de commerce reste un moyen de paiement très répandu. Il est facilement mobilisable. Depuis que le système LCR (lettre de change relevé) est entré en fonction, seuls les supports papiers où sont inscrites les mentions LCC (lettre de change circulante) ou BOC (billet à ordre circulant) sont présentés physiquement au paiement.

La traite LCC peut être avalisée par un tiers et représentée après rejet. Elle est protestable sauf mention contraire. Elle est soumise à une commission de manipulation ainsi qu'à diverses autres commissions (d'acceptation, d'impayé, d'avis de sort) ainsi qu'à un droit de timbre. Elle est encore utilisée, entre commerçants ou petites entreprises non équipées de logiciels de paiement mais peut être considérée en voie progressive de disparition.

La LCR papier, circulante entre le cédant et sa banque mais pas entre le tiré et sa banque coûtera un peu moins cher que la LCC (timbre non obligatoire, sauf pour recouvrement en cas de contentieux). Elle est protestable si la mention « non protestable » n'est pas apposée et si elle possède toutes les mentions obligatoires spécifiques aux effets de commerce. Elle est de plus en plus utilisée, du fait de la disparition progressive de la traite LCC, mais à terme devrait disparaître par la vulgarisation du support magnétique.

La LCR magnétique (disquette ou bande) (non protestable, sauf dans les conditions propres à la LCR papier) coûte bien moins cher que la LCR papier et n'est pas soumise au droit de timbre. Son utilisation est de plus en plus importante, compte tenu de son coût.

La LCR télétransmise (par modem ou réseau) coûte encore moins cher (sans droit de timbre également). Elle est protestable sauf disposition contraire sur le support original conservé par l'entreprise cédante. Son utilisation est elle aussi de plus en plus importante.

Le billet à ordre circulant, est soumis au droit de timbre, et aux mêmes commissions que la LCC. Il est mobilisable, mais seul le débiteur maîtrise sa date de création.

3.1.2. Les supports utilisés dans les relations avec l'étranger

Comme dans le cas des instruments de paiement utilisés pour le règlement des opérations commerciales internes, les supports utilisés avec l'étranger sont de plus en plus dématérialisés et la télétransmission de plus en plus usitée. Avec l'étranger, les principaux moyens de paiements peuvent être le chèque, le virement international, l'encaissement documentaire, la lettre de change, le crédit documentaire.

Le chèque est d'un emploi encore assez répandu quoique peu aisé. D'une part, il est soumis aux aléas du courrier, et d'autre part soumis à d'assez longs délais d'encaissement (surtout s'il est émis en devises étrangères). Il donne lieu à diverses commissions (sur encaissement et sur conversion en monnaie nationale). En cas de défaut de provision, seule la loi du lieu du paiement est applicable.

Le virement international présente de nombreux avantages : il est sûr, rapide et peu coûteux. Il peut être effectué par courrier (peu rapide et incertain), par télex ou par le réseau Swift (Society for worldwide interbank financial telecommunication). Ce dernier fonctionne sans interruption et est très rapide.

L'encaissement documentaire permet en principe à l'exportateur de s'assurer que son client ne prendra pas livraison des marchandises avant paiement et à l'importateur de ne payer qu'une fois la marchandise parvenue et vérifiée conforme, pour autant que ces documents donnent un droit effectif de rétention sur la marchandise. A l'inverse du crédit documentaire où les banques s'engagent à effectuer le paiement, elles se bornent en l'espèce à jouer un rôle de mandataire. La banque de l'exportateur transmet donc les documents relatifs à l'opération (facture, documents d'expédition, documents d'assurance, documents liés à la réglementation du commerce extérieur des deux pays) à la banque de l'importateur. Celle-ci remettra à son client soit les documents contre paiement (paiement immédiat), soit les documents contre acceptation de payer (matérialisée par une traite acceptée simple ou acceptée et avalisée). L'encaissement documentaire est moins « lourd » que le crédit documentaire, mais moins sûr dans la mesure où les banques ne jouent qu'un rôle d'intermédiaire.

La lettre de change n'offre pas plus de sécurité que le chèque, sauf si elle est avalisée par un tiers tel qu'une banque par exemple. Comme dans le cas du chèque et malgré les dispositions de la convention de Genève du 10/03/1931, il y a parfois conflit de lois entre celle de l'émetteur et celle du bénéficiaire.

Le crédit documentaire est un moyen de paiement (qui peut être également un moyen de financement pour l'exportateur ou le négociant, dans le cas d'un crédit transférable, par escompte de la créance) qui prend la forme d'un engagement par signature entre banques. Il peut être ouvert dans le cas d'une vente de marchandises (denrées, produits industriels…) ou de la réalisation d'une prestation de services. Précisément, l'importateur fait ouvrir auprès de sa banque un crédit documentaire au profit de l'exportateur, laquelle s'engage à régler la banque de l'exportateur contre remise de documents préalablement définis lors de l'ouverture par le donneur d'ordre (documents relatifs au prix – factures –, à l'assurance, au transport – connaissements –, et éventuellement à d'autres éléments – état sanitaire, certifications techniques diverses –).

Il peut être irrévocable et confirmé, irrévocable et notifié ou révocable. Dans le premier cas, le banquier émetteur s'engage définitivement envers le bénéficiaire et cet engagement est conforté par celui du correspondant étranger (correspondant bancaire chargé de notifier le crédit à la banque du bénéficiaire ou au bénéficiaire directement), dans le second cas la banque de l'importateur s'engage tout autant à régler le montant dû mais sans confirmation de la banque de l'exportateur, dans le troisième cas il peut être annulé ou modifié par la banque de l'importateur. Le contrat conclu entre l'acheteur et le vendeur, base permettant l'ouverture du crédit documentaire, doit prévoir toutes les conditions de l'opération (date d'ouverture, montant à payer en une ou plusieurs échéances, banques intervenantes, documents à présenter, devise de paiement...). A tout moment, l'acheteur et le vendeur peuvent modifier les dispositions du contrat.

Le crédit documentaire donne lieu à la perception de nombreuses commissions par la banque de l'importateur (commissions d'engagement – ouverture, confirmation, acceptation – de levée de documents ou de paiement, de modification).

En fait, utilisé depuis assez longtemps, il est aujourd'hui perçu comme un moyen de paiement assez lourd (retards fréquents dans l'acheminement des documents, procédures longues et assez complexes) et assez coûteux. Cependant, si le crédit est correctement mis en place (dans le cadre d'un contrat « prévoyant » où l'ensemble des risques a été analysé) ce mode de paiement demeure très efficient. Certains groupes japonais exigent même de leur filiales la mise en place de crédits documentaires dans leurs paiements intragroupes (non pour s'assurer d'un paiement effectif mais du respect des procédures et des délais prévus).

3.2. Le credit manager et le mauvais payeur

3.2.1. Quelques cas courants

Examinons quelques cas types que le credit manager pourra rencontrer à l'occasion du recouvrement des créances qu'il détient.

Le client, afin de retarder au maximum son paiement, prétend ne pas avoir reçu les marchandises : manœuvre classique que le credit manager peut facilement prévenir en faisant signer, à chaque livraison, un bon de livraison où le client confirme avoir reçu la marchandise en question.

Le client reconnaît que la marchandise a bien été livrée mais informe le credit manager ou le service commercial du vendeur qu'elle n'est pas en bonne état. En principe, il est bon que le vendeur et l'acheteur aient fixé dans leur contrat un délai de contestation au delà duquel, si l'acheteur ne s'est pas plaint de la marchandise, il ne pourra plus invoquer cet argument, parfois utilisé de mauvaise foi.

Le client tarde à payer les premières factures qui lui sont parvenues en temps voulu, alors que le fournisseur continue de lui livrer des marchandises : il est important de prévoir, dans le contrat de base qui gouverne les relations entre l'acheteur et le vendeur, une clause permettant au vendeur d'interrompre ses livraisons en cas de non-paiement des premières factures émises.

3.2.2. *Les méthodes de recouvrement*

Deux méthodes coexistent, le recouvrement amiable et le recouvrement judiciaire. Le recouvrement amiable doit être tenté avant tout autre recours. Il est le moyen le plus rapide d'obtenir le paiement de sa créance. En réalité, il consiste en la mise en œuvre de diverses techniques susceptibles d'inciter le débiteur à honorer son engagement. Le fournisseur intervient tout d'abord par des relances verbales, puis écrites, qui restées sans effet donneront lieu à une dernière mise en demeure de paiement envoyée par lettre recommandée avec avis de réception (il est préférable de fixer directement le bordereau postal autocollant sur la lettre même, sans utiliser d'enveloppe, afin que le débiteur, ne puisse invoquer que l'enveloppe reçue était vide, la mauvaise foi n'ayant pas de limite...). En dernier recours, si le client persiste dans sa mauvaise foi et ne cesse de retarder son paiement, il est parfois efficace, qu'un agent de recouvrement, ou le credit manager lui-même, se déplace, prétextant (s'il le souhaite) qu'il doit se rendre dans la région de l'acheteur pour une autre affaire, afin d'obtenir sur place le bon paiement de sa créance. Cette méthode est, plus souvent que l'on pourrait le croire, assez efficace. Il est en effet très désagréable, même lorsque l'on est un mauvais payeur, de constater que ses fournisseurs viennent « quémander » le paiement de leurs créances jusque devant les portes de l'entreprise. Cette attitude fait naître une gêne de la direction vis à vis des employés et assez souvent, celle-ci, devant la pression du fournisseur, invoque subitement un simple retard dû à des erreurs administratives et paye immédiatement son créancier...

Le recouvrement judiciaire comprend, pour l'essentiel, trois actions différentes. L'injonction de payer, le référé-provision, et l'assignation classique au fond.

L'injonction de payer est en fait une ordonnance délivrée par le Tribunal de Commerce précisant les causes de la créance, la nature des documents justificatifs, son montant majoré des intérêts légaux et des frais accessoires. Cette injonction peut être demandée par tout créancier susceptible de justifier d'une créance certaine. Bien entendu, cette procédure ne doit être mise en place qu'après une mise en demeure restée sans effet. Dans le cas où le Tribunal considère que les pièces justificatives sont insuffisantes où laissent planer un doute sur la réalité de la créance, il peut refuser de délivrer l'injonction et sa décision est sans recours. L'ordonnance d'injonction est délivrée au demandeur et celui-ci dispose de six mois pour la notifier au débiteur. A l'expiration du délai de un mois à compter de la notification, le débiteur perd toute faculté de contestation. Dans cette hypothèse, l'ordonnance vaut titre exécutoire et n'est plus susceptible d'appel. En conséquence, les biens du débiteur pourront être saisis. Dans le cas où le débiteur fait opposition à l'ordonnance d'injonction au plus tard un mois après qu'elle lui ait été transmise (en s'acquittant des droits à payer), le Tribunal rendra un jugement susceptible d'appel sous certaines conditions (notamment de quantum).

Le référé-provision permet au créancier de saisir le juge des référés afin que celui-ci ordonne au débiteur le paiement de tout ou partie de sa dette. L'ordonnance de référé est en fait une décision provisoire. Elle ne doit être utilisée que dans les cas d'urgence et où la créance est parfaitement justifiable. Le juge des référés est ainsi saisi par assignation par l'intermédiaire d'un huissier choisi par le créancier (inscrit dans l'arrondissement judiciaire du débiteur). Dans le cas où le débiteur ne réagit pas à cette procédure les parties devront s'expliquer lors d'une audience et si la créance est jugée certaine le jugement sera rendu en faveur du créancier et portera formule exécutoire.

L'assignation au fond est utilisée quand le créancier souhaite qu'un jugement ait lieu directement notamment dans le cas où il ne dispose pas de justificatifs suffisamment probants et qu'il a besoin de rapporter la preuve de sa créance par d'autres moyens. En fait, dans ces conditions il ne peut recourir à l'injonction de payer, ni à la procédure de référé-provision. Cette procédure est susceptible d'appel sous certaines conditions (notamment de quantum). Il devra attendre le jugement pour disposer d'un titre exécutoire lui permettant de récupérer le montant de sa créance.

Ce qu'il est important de retenir, quelque soit la nature des procédures à mettre en œuvre, est que le créancier doit en permanence se préoccuper d'être capable de justifier ses créances par l'apport de factures, de bons de livraison, de traites acceptées, de diverses correspondances susceptibles d'attester de sa bonne foi (confirmations écrites d'entretiens téléphoniques notamment). De cette rigueur dépend beaucoup le sort de ses créances. Beaucoup de créanciers de bonne foi ne peuvent bénéficier des procédures de référé-provision ou d'injonction de payer tout simplement par manque de preuves suffisantes fournies à l'appui de leur demande. Car si le moindre doute subsiste, et cela est parfaitement normal, le Tribunal ne pourra leur délivrer d'ordonnance, et une procédure d'assignation au fond, plus longue et plus coûteuse, devra être entamée.

Dans le cas, toutefois très rare, où le créancier s'estimerait lésé par l'attitude du banquier de son débiteur, il n'est pas sans recours. Pour plus de détails quant aux différentes erreurs que peut commettre une banque, le lecteur pourra se reporter à l'annexe 5.

CONCLUSION

Le credit management est devenu un des domaines importants concourant à la sécurité financière de l'entreprise. Mais il convient de répéter qu'il nécessite une volonté clairement affichée de la part des plus hautes instances de l'organisation. Nous ne cesserons d'affirmer que pour être efficace, le credit manager ne doit dépendre que de la direction générale et jouir d'une grande autonomie de décision. Même si cette conception est susceptible de remettre en cause un certain « ordre établi » dans l'organisation, elle seule permet au credit management d'être pleinement efficace. Son rôle est celui d'un arbitre, et un arbitre ne doit pas dépendre des parties en présence. Les directions financières et commerciales doivent comprendre cette nécessité.

En matière de détection des risques clients, le credit-scoring est un outil performant, pour autant qu'il ne reste qu'un élément, parmi d'autres, d'appréciation du risque. Il ne doit pas remplacer la nécessaire analyse méthodique que doit effectuer le credit manager. La fonction de scoring présentée dans cet ouvrage pourra aider, nous l'espérons, à une meilleure détection des risques, mais encore une fois, aucune fonction de score n'est infaillible et ne pourra jamais prétendre remplacer un bon credit manager.

Le credit management n'est pas une mode mais une forme efficiente de réponse au risque d'impayé qui frappe toutes les entreprises qui interviennent sur des marchés où les acteurs sont vulnérables. Il y va de la survie d'un grand nombre d'entreprises. N'est-ce pas aujourd'hui un des enjeux économiques les plus importants ?

Oui sans aucun doute. Le credit management est véritablement de nature à permettre une gestion plus efficace des risque nés de l'activité commerciale. Mais il faut bien avoir conscience que le credit management ne saurait palier à tous les désordres auxquels notre économie a à faire face. Car en réalité, le credit management est devenu une fonction importante de l'entreprise, tout au moins en France, à mesure que notre pays s'enlisait dans une crise économique dont la longueur fait encore hésiter sur l'utilisation du mot “crise”. Quand près de 10 000 entreprises disparaissent chaque année, et ce de manière de plus en plus imprévisible, les credit manager sont face à un problème bien délicat. Les entreprises françaises accusent une baisse constante, depuis plus de dix ans, du niveau de leur rentabilité.

Première raison : l'existence de taux d'intérêts anormalement élevés à cause d'une part d'un endettement de l'Etat de près de 3 000 milliards de francs (pour trouver les fonds nécessaires, l'Etat est bien obligé de fournir une rémunération à la hauteur des risques encourus par les prêteurs) et d'autre par de la volonté politique de défendre coûte que coûte la valeur du franc par rapport à celle du deutsche mark, volonté qui sacrifie le dynamisme commercial d'un pays au maintien d'une parité, qui de toute façon doit s'ajuster d'une manière ou d'une autre. Quand le rêve politique de quelques-uns brise l'économie d'un pays…

Deuxième raison : un climat de concurrence de plus en plus rude, compte tenu notamment de la montée en puissance des pays asiatiques.

Troisième raison : le poids du coût du travail sans cesse grandissant, imposé par une politique basée sur une redistribution permanente (par ailleurs pas toujours juste) de la richesse produite. La France est un des pays au monde où le travail est le plus taxé. Sans oublier le poids de l'impôt qui tue définitivement toute possibilité de s'enrichir par la production de richesses (que l'on soit salarié ou détenteur de capital productif).

Pour toutes ces raisons, le credit management, en France, a de beaux jours devant lui, tout au moins tant qu'il y aura des entreprises…

Le credit interentreprises

Le credit interentreprises fait des principaux agents de la vie économique que sont les entreprises des acteurs financiers à part entière. Par son activité commerciale, l'entreprise, prêteuse ou emprunteuse, agit donc comme un intermédiaire financier. Statistiquement, une entreprise sur deux est en position prêteuse. On estime en moyenne le credit interentreprises autour de 1 500 milliards de francs.

Depuis une dizaine d'années, près du tiers des actifs des sociétés est constitué de créances clients. Il s'agit en l'occurrence d'une "bulle financière" très lourde. Les habitudes ont beaucoup de mal à évoluer, bien qu'une légère amélioration se fasse ressentir depuis deux ans. L'existence de telles sommes au sein de l'économie d'un pays a pour principales conséquences : pour les prêteurs, un alourdissement de leurs frais financiers, des tensions de trésorerie, et donc une plus grande fragilité financière, pour les emprunteurs, des économies de frais financiers et une meilleure rentabilité, mais aussi des fournisseurs plus fragiles. Dans le même temps, le credit interentreprises alimente un climat peu propice aux affaires.

Délais de paiement pratiques en France

Secteurs d'activité	Délais clients Moyenne sectorielle en jours de chiffre d'affaires	Délais fourniss eurs Moyenne secto-rielle en jours en d'achats
Industrie de la viande et du lait	45,1	47,7
Autres industries agricoles et alimentaires	53,4	57,5
Production minerais, métaux ferreux	77,3	75,6
Production minerais, métaux demi-produits non ferreux	71,2	60,1
Production matériaux de construction, minéraux divers	77,2	79,6
Industrie du verre	77	75,4
Chimie de base, production fils artificiels	72,2	68,5
Parachimie, industrie pharmaceutique	79	74,5
Fonderie, travail des métaux	86,5	82,3
Construction mécanique	85	83
Construction matériel électrique et électronique	93	90,1
Construction navale aéronautique et armement	93,4	89,5
Industrie du textile habillement	68,7	67,9
Industrie du cuir et de la chaussure	73,1	69,4

Industries du bois, ameublement industries diverses	70,3	79,2
Industries du papier et du carton	81,8	79,7
Imprimerie, presse édition	84,6	81,6
Industrie du caoutchouc transformation mat. plastiques	82,6	80,7
Commerce de gros alimentaire	44,8	45,6
Commerce de gros non alimentaire	68,8	76,7
Commerce de détail alimentaire	7,4	37,7
Commerce de détail non alimentaire	19,4	63,8
Réparation, commerce automobile	24,2	45,6
Hôtels, cafés restaurants	13,7	59,1
Transports	66,9	59,3
Services marchands rendus principalement aux entreprises	80	75,7
Services marchands rendus principalement aux particuliers	54,6	71,1

Chiffres donnés pour l'année 1992.
Source : Banque de France, Observatoire des entreprises.
Auteurs de l'étude : Elisabeth KREMP/Claude TRUY. Direction des entreprises.

Situation de l'entreprise prêteuse

ACTIF	PASSIF
Créances clients	Dettes fornisseurs
	Avances payées par les clients
Avances payées aux fournisseurs	*Prêt induit*

L'entreprise prêteuse subit donc l'existence d'un besoin en fonds de roulement positif.

Situation de l'entreprise emprunteuse

ACTIF	PASSIF
Créances clients	Dettes fournisseurs
Avances payées aux fournisseurs	
Emprunt induit	Avances payées par les clients

L'entreprise emprunteuse bénéficie donc d'un besoin en fonds de roulement négatif.

Il est relativement rare que l'entreprise soit alternativement prêteuse nette ou emprunteuse nette. Une des caractéristiques majeures du crédit interentreprises est justement son inertie.

Acteurs du credit interentreprises

Principaux emprunteurs

Les entreprises commerciales de détail au premier rang desquelles on trouve les entreprises de commerce alimentaire (elles constituent les trois quarts des entreprises emprunteuses) tant au regard des volumes empruntés que des délais de paiement pratiqués. Il est clair que la grande distribution est dans une position de force par rapport à ses fournisseurs.

L'existence d'un rapport de forces déséquilibré conditionne bien le crédit interentreprises.

A celles-ci s'ajoutent bien entendu, les entreprises en difficulté financière, lesquelles allongent souvent considérablement leurs délais de paiement.

Principaux prêteurs

Les entreprises industrielles et surtout les petites et moyennes entreprises. En matière de crédit interentreprises, la taille confère un avantage décisif. Dans un tel rapport de forces, il est clair que la sous-traitance est assez mal menée.

La position des banques

D'une manière générale, les banques ont une attitude assez neutre quant aux différents débats relatifs aux techniques proposées pour réduire les délais de paiement. En fait le crédit interentreprises leur permet de mettre en place des concours à court terme (découvert, escompte, loi DAILLY). Certes, il fragilise la santé financière de leurs clients, mais les banques en tiennent compte dans le calcul des primes de risque. C'est d'ailleurs leur métier.

Solution possible

Pour une fois que l'Etat pourrait intervenir dans l'économie, il ne le fait pas. Pire encore, il est structurellement emprunteur. La seule solution qui pourrait permettre une réduction massive des délais de paiement serait de nature légale. En effet, le législateur pourrait tout à fait instaurer un délai de paiement obligatoire au-delà duquel le débiteur serait sanctionné. D'ailleurs, c'est déjà le cas depuis bien longtemps lorsque l'Etat, ou des organismes qui en dépendent, sont en position de créancier (les recettes fiscales, les charges sociales diverses… sont soumises à de lourdes pénalités en cas de retard de paiement).

Les plus libéraux considèrent que la question de la réglementation autoritaire des délais de paiement n'a pas lieu de se poser. Ces délais étant le résultat d'un naturel rapport de forces, et le marché seule loi. On touche à certaines des limites du libéralisme. L'Etat doit quand même jouer un rôle d'organisateur. Attention, organisateur ne signifie pas nécessairement acteur.

Le dossier client, outil du credit manager

Contenu du dossier

RÉFÉRENCE CLIENT : N°

NOM DU CLIENT :

RENSEIGNEMENTS GENERAUX

ADRESSE DE SON SIEGE SOCIAL :

Téléphone siège :

Téléphone service achats :

N° de SIREN :

CODE NAF :

ACTIVITÉS PRINCIPALES DE L'ENTREPRISE :

–
–
–

DATE DE CRÉATION DE L'ENTREPRISE :

CAPITAL SOCIAL :
SOCIÉTÉ DE DROIT FRANCAIS ETRANGER

PAYS :

Nom du responsable de l'entreprise (Président, Gérant...) :

APPARTENANCE A UN GROUPE

FILIALE D'UN GROUPE   OUI   NON

NOM DU GROUPE :

Téléphone siège :

TAUX DE DEPENDANCE   %
(pourcentage de contrôle)

NATURE DE LA RELATION

Date d'entrée en relation :

Nature des produits vendus
ou des prestations effectuées :

Vendeur (s) responsable (s)
de la gestion commerciale du client :

Fréquence moyenne des commandes :

QUOTIDIENNE   HEBDOMADAIRE

MENSUEL   SEMESTRIELLE

OCCASIONNELLE

Montant moyen d'une commande :

Monnaie de facturation habituelle :

FRF	DEM	GBP	JPY	ITL
PTA	CAD	BEF	NLG	SEK
CHF	AUTRE :			

Moyens de paiement utilisés :

CHEQUE   TRAITE   VIREMENT   AUTRES

Nom de l'interlocuteur/paiement
des fournisseurs :

Téléphone direct :

QUALITÉ DES PAIEMENTS

Délai habituel de paiement : jours

Existence de retards
de paiement/dispositions contractuelles : OUI NON

Nombre de jours de retard habituel : jours

Existence d'impayés : OUI NON

CONTENTIEUX

Dossier transmis au contentieux OUI NON
En date du :

Reprise des affaires OUI NON
En date du :

VISITES EFFECTUEES

Client visité par un membre du service OUI NON

Client visité par un cabinet extérieur OUI NON

NOM DU CABINET
Téléphone :

Nombre de visites :

Dernière visite effectuée le :
par :

Nom des personnes rencontrées :

Qualité de l'accueil :

EXCELLENT BON MEDIOCRE TRES MAUVAIS

ANALYSE FINANCIERE

LIASSES FISCALES
DES TROIS DERNIERS EXERCICES

ANALYSE SECTORIELLE

ANALYSE DES COMPTES DE RESULTATS

ANALYSE DES BILANS

CONCLUSION

CREDIT-SCORING

NOTE OBTENUE Points
En date du
sur la base des comptes de l'exercice :

ENCOURS AUTORISE

ENCOURS UTILISE

ENCOURS DISPONIBLE

CONCLUSION GENERALE

CLIENT PEU RISQUE

RISQUE MOYEN

MAUVAIS RISQUE

RISQUE A EXCLURE

Commentaires :

ANNEXE 3

Le contrôle du credit manager

L'autonomie du credit manager suppose l'existence de procédures de contrôle susceptibles de permettre une amélioration des process utilisés. En outre elles donnent lieu à une évaluation objective de son action.

Points d'audit à analyser

Les points qui suivent, dont l'importance est variable en fonction de la taille de l'entreprise dans laquelle le credit manager évolue, et qui n'ont parfois qu'une valeur indicative, permettent tout de même une évaluation intéressante du travail du credit manager. Il sera notamment utile de suivre l'évolution de ces indicateurs dans le temps.

Attention, certains des points abordés ci-dessous nécessitent la conduite d'une analyse très fine avant que l'auditeur puisse véritablement porter un jugement précis sur la qualité du credit manager.

Points relatifs à l'action du credit manager

1/Montant des provisions pour créances douteuses/ chiffre d'affaires encaissé

2/ Montant annuel des factures définitivement impayées/ chiffre d'affaires encaissé

3/ Délai moyen de paiement des créances clients

4/ Nombre de dossiers clients en contentieux

5/ Nombre d'opérations commerciales refusées/nombre total d'opérations soumises à l'accord du credit manager

6/ Délai moyen de réponse du credit manager par rapport à la date ou un dossier lui est transmis

7/ Nombre d'heures de formation ou de sensibilisation (auprès des commerciaux) dispensé par le credit manager

8/ Coût de fonctionnement du service du credit manager/montants cumulés des opérations refusées par le credit manager

9/ Montants cumulés des dossiers refusés/chiffre d'affaires

10/ Nombre de visites clientèle effectuées par le credit manager

11/ Qualité des relations entre la force de vente et le credit manager

Points relatifs aux méthodes utilisées

12/ Utilisation ou non d'un système de scoring

13/ Méthode (s) de mise à jour de ses paramètres ?

14/ Nature des bases de données utilisées (date de création, mise à jour...)

15/ Existence de procédures d'appel des décisions du credit manager ?

Points relatifs à l'organisation du service de credit manager

16/ Existence d'un tableau de délégation au sein du service du credit manager ? Qui décide en son absence ?

17/ Qui a accès au système de scoring ?

18/ Qui a accès aux fichiers utilisés ?

19/ Comment sont formés les entrants au service ?

20/ Comment sont évalués les assistants du credit manager ?

21/ Comment est rémunéré le credit manager ?

Qui doit auditer

Premier cas : la direction générale

En l'espèce, l'audit est mené par la direction générale, par l'intermédiaire d'un auditeur (spécialiste en finance d'entreprise et en organisation de préférence) lequel devra mener sa mission de la manière suivante : un séjour d'au moins trois semaines complètes au sein du service du credit manager, divers entretiens séparés avec chacun des membres du service, divers entretiens avec les principaux partenaires du credit manager (direction commerciale et direction financière) et bien entendu analyse de différents dossiers traités, dossiers en cours d'étude et également anciens dossiers (par prélèvement aléatoire dans les archives). Il semble utile, à l'expérience, de rappeler que l'auditeur, choisi par la direction générale, doit être parfaitement indépendant vis à vis du credit manager (éviter les auditeurs qui ont déjà travaillé sous la direction dudit credit manager ou qui le connaissent personnellement, cela va de soi).

Une synthèse, sous la forme d'un entretien entre le credit manager et le directeur général, est indispensable, laquelle sera transmise à la direction du personnel.

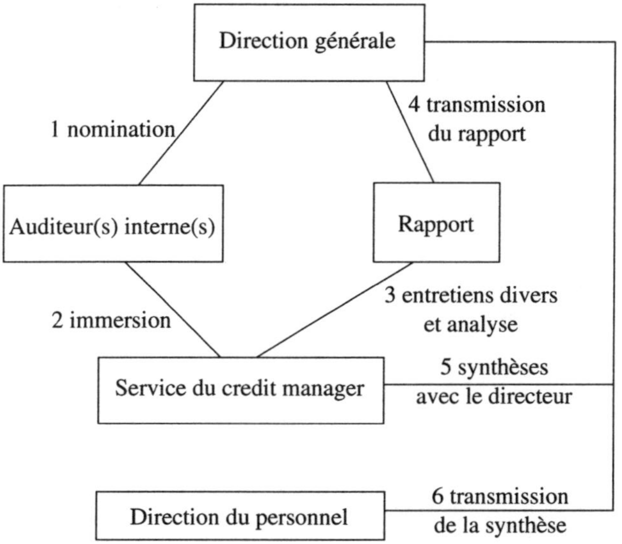

Deuxième cas : la direction de l'audit

Ce schéma est peu différent de celui présenté plus haut, mais il est important que seule la direction générale, et non pas le responsable de l'audit effectue la synthèse de la mission avec le credit manager.

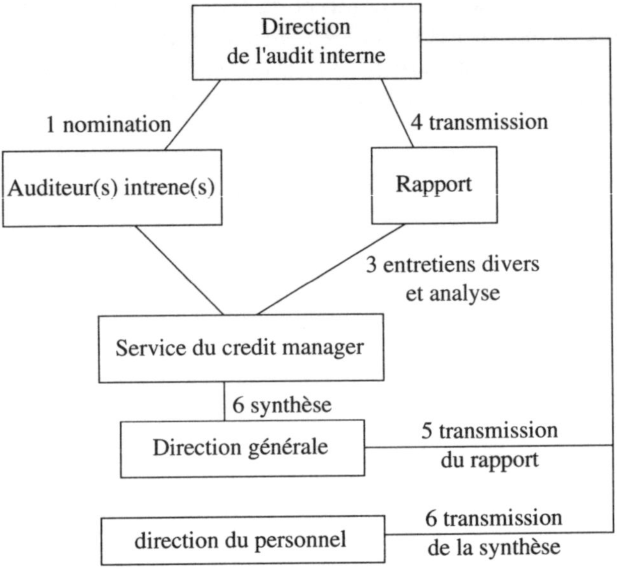

Troisième cas : un cabinet extérieur

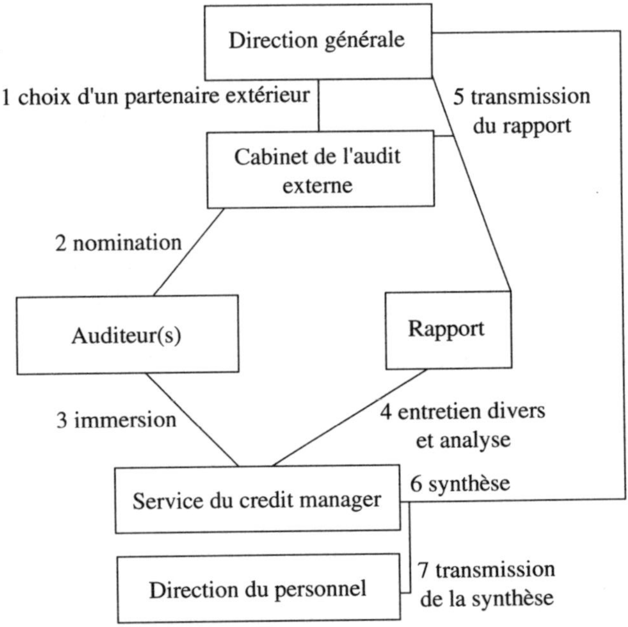

Cette troisième solution est sans aucun doute la meilleure. L'externalisation de la fonction d'audit (lorsque cela est possible) est souvent gage d'une plus grande objectivité de la part des auditeurs. Ce point est fondamental quel que soit l'objet de la mission, mais surtout en matière de credit management où les décisions du credit manager sont parfois assez difficiles à prendre, et encore plus difficiles à analyser.

Le coût d'une telle mission variera en fonction de la taille du service à auditer. Il est peu différent de celui d'une mission d'audit classique, sinon que l'auditeur en charge du dossier doit, à notre avis, être un ancien credit manager. Or les consultants, anciens credit manager sont encore assez rares.

D'une manière générale, la notion de contrôle, notamment en matière de gestion (et cela n'a rien avoir avec le contrôle de gestion proprement dit) est assez peu développée en France, par rapport à ce qu'elle est outre-Atlantique. C'est un tort, et nous pensons que la qualité de nos gestionnaires n'en serait que meilleure.

Le paiement par chèque

Cadre juridique

Loi uniforme signée lors de la Convention de Genève du 19 mars 1931

Ce texte avait pour objet d'uniformiser les différentes dispositions nationales et de permettre une plus grande utilisation du chèque en matière de paiement internationaux.

Décret-loi du 30 octobre 1935

Ce décret-loi est le texte de référence en matière de chèque.

A côté de ces deux textes de base, différents textes sont venus préciser certains aspects, notamment : la loi du 30 décembre 1991, les décrets de mai 1992.

Utilisation du chèque

L'émetteur du chèque, comme son bénéficiaire, doit en principe être majeur. Il ne peut émettre de chèque qu'à la condition de n'être frappé d'aucune interdiction bancaire.

Le droit pour une personne d'utiliser des chèques est accordé par une banque ou un organisme assimilé selon son bon vouloir. Un tel établissement peut donc refuser de délivrer des formules de chèques. Comme en matière de crédit, et bien que le chèque ne soit qu'un moyen de paiement, le banquier agit donc en fonction de critères qui lui sont propres. Une entreprise pourra donc avoir plus ou moins de difficultés à obtenir ce qu'elle souhaite. En ce sens, le fait qu'un débiteur propose un paiement par chèque ne prouve rien quant à sa solvabilité.

A priori, un chèque peut être libellé en devises, même si le compte rattaché est un compte en francs français : il suffit à l'émetteur de rayer sur sa formule de chèque la mention francs et de lui substituer la mention relative à la devise de paiement.

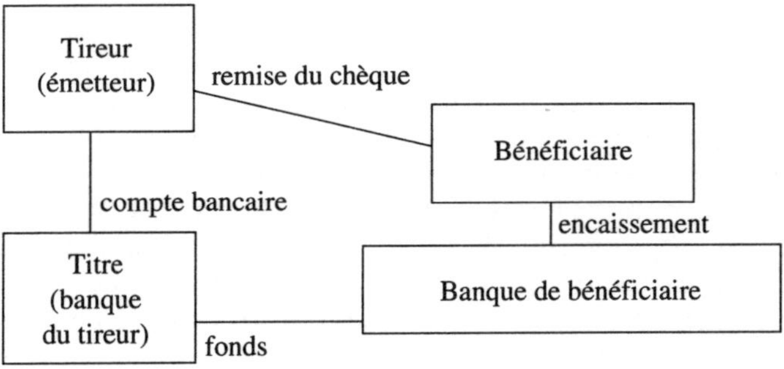

Conditions de forme

Pour être valide et remis à l'encaissement, le chèque doit comporter les mentions suivantes :

1/ le mot "chèque" doit être inscrit sur le chèque à peine de nullité
2/ la désignation du tiré (organisme bancaire ou assimilé)
3/ la désignation du tireur
4/ le montant de la somme à payer en chiffres et en lettres
5/ la signature du tireur
6/ la date de création du chèque
7/ le bénéficiaire du chèque

A ces conditions impératives s'ajoutent généralement les précisions suivantes :

1/ le lieu d'émission du chèque
2/ le lieu de paiement du chèque

Sont interdites, les mentions précisant que l'encaissement est soumis à telle ou telle condition, que le paiement sera effectué à telle ou telle échéance.

En principe, le chèque peut être rédigé sur un simple papier, pour autant qu'il satisfasse aux conditions légales, mais tout créancier peut refuser d'être réglé par chèque.

Le barrement du chèque, méthode visant notamment à limiter la fraude fiscale, permet de s'assurer que le chèque ne peut être encaissé que par une banque ou un client d'une banque.

Le paiement du chèque

Le défaut ou l'insuffisance de provision est susceptible d'entraîner le rejet du chèque par la banque tirée. Ce n'est pas une obligation. Si la banque décide de payer le chèque émis par son client, elle consent implicitement un crédit, puisqu'elle autorise du même coup que le compte de son client fonctionne à découvert. Par ailleurs, la banque a l'obligation de payer les chèques qui lui sont présentés au paiement s'ils sont d'un montant inférieur ou égal à 100 francs. En contrepartie, le banquier qui a fait l'avance de cette somme est subrogé dans les droits du porteur. Il peut donc faire une mise demeure par voie d'huissier au titulaire du compte, qui restée sans effet pendant 20 jours, permettra la saisie des biens du débiteur. Le fractionnement d'une même somme en plusieurs chèque de 100 francs est interdit.

Le défaut de provision est traité dans la loi du 30 décembre 1991, laquelle est venue sensiblement modifier les dispositions autrefois en vigueur.

En cas de rejet de chèque, la banque doit :

1/informer la Banque de France (numéro de compte, du chèque, date de refus du paiement, nom du titulaire du compte, montant du chèque, la raison du refus du paiement)

2/indiquer, le cas échéant, si le chèque a été émis régulièrement (tireur non frappé d'interdiction d'émettre des chèques)

3/envoyer une lettre d'injonction au tireur demandant au titulaire du compte de "*restituer à tous les banquiers dont il est le client les formules de chèques en sa possession et en celle de ses mandataires*" comme le précise la loi, laquelle reprend le montant impayé, le numéro du chèque rejeté, le solde du compte au moment du refus, et les moyens par lesquels le tireur peut régulariser sa situation.

Tant que l'incident de paiement n'est pas régularisé, l'émetteur du chèque sans provision est interdit bancaire. Dès que le débiteur a réglé sa dette, il recouvre le droit d'émettre des chèques. S'il ne l'a pas fait, au terme de dix années, il recouvre automatiquement le droit d'en émettre à nouveau. Avant la nouvelle loi, l'interdiction bancaire devenait définitive pour un an si le tireur n'avait pas régularisé l'opération dans le délai d'un mois à compter de la date de rejet du chèque ou si un second rejet de chèque survenait moins d'un an après le premier. Mais, finalement, au terme d'un mois, peu importait, en regard de droit d'émettre des chèques, que le débiteur règle bien le montant de sa dette. La nouvelle loi incite donc plus le débiteur à payer le montant de sa dette. Par ailleurs, le rejet de chèque est soumis à diverses sanctions : une pénalité de 120 francs par tranche de 1 000 francs impayés, sauf si le titulaire n'a pas émis de chèque sans provision dans les 12 mois qui précèdent l'incident et s'il règle bien sa dette dans le mois qui suit l'incident en question.

Si le titulaire est en position de récidive (plus de trois facultés de régularisation utilisées), le montant de ladite pénalité est doublé.

Au-delà des 30 jours qui suivent l'incident de paiement, le tiré doit faire parvenir au porteur un certificat de non-paiement.

Dans le cas où le compte sur lequel le montant du chèque impayé devait être débité est celui de deux titulaires (compte joint par exemple), la nouvelle loi permet d'éviter que les co-titulaires soient tous les deux interdits bancaire, à condition que l'un des deux se désigne comme l'auteur responsable de l'infraction commise.

A titre préventif

Le credit manager peut demander que le client effectue le paiement de sa dette par un chèque certifié (la banque bloque pendant huit jours – délai légal de présentation du chèque au paiement – la provision nécessaire), ou mieux encore par un chèque de banque (chèque émis par une banque, donc a priori sans aucun risque de non-paiement). Le chèque certifié est donc sans risque pendant le délai de huit jours. Au-delà, il n'offre pas plus de garantie qu'un autre chèque. Un chèque simplement visé (par la banque de l'émetteur, par l'apposition d'un visa au dos du chèque) prouve seulement que la provision était suffisante au moment où il a été émis (le banquier ne procède en effet, en l'espèce, à aucun blocage de provision).

La responsabilité des prêteurs

Lorsque le débiteur est dans l'impossibilité totale d'honorer son engagement, le créancier n'est pas pour autant sans recours. Il ne s'agit pas en l'espèce d'inciter les créanciers à poursuivre les banquiers de leurs débiteurs, même si certains aiment à entendre ce genre de propos, mais simplement de rappeler (tant au credit manager victime d'un sinistre qu'au banquier dispensateur de crédits) quelles sont les erreurs que le banquier peut commettre et qui sont susceptibles d'engager sa responsabilité. Il est néanmoins nécessaire de rappeler que les infractions qui suivent sont extrêmement rares et que les banques sont plus souvent victimes de leurs clients que ceux-ci ne le sont des banques.

Rappel des principales erreurs qu'une banque peut commettre

1/ Immixtion dans la gestion de son client

Le banquier doit s'interdire toute action susceptible d'être qualifiée d'acte de gestion interne. Dans le cas contraire, son action peut être considérée comme une immixtion dans la gestion interne des affaires de son client et le placer dans la position d'un dirigeant de fait, et donc responsable. La notion d'immixtion recouvre en réalité la réalisation d'actions positives de gestion (prises de décisions, embauche de personnel, signature d'actes divers, d'ordres de paiement…). Egalement, une banque qui par écrit demanderait à un de ses clients d'agir de telle ou telle manière (de vendre une filiale, d'exploiter tel ou tel marché, d'embaucher du personnel….) réaliserait un acte d'immixtion. Le rôle de conseil, souvent mis en avant par les banques, se limite donc en réalité à des conseils de nature purement financière, et donc au strict métier de la banque.

L'article 182 de la loi de janvier 1985 précise en effet qu'en cas de redressement judiciaire d'une personne morale, le tribunal peut ouvrir une procédure de redressement judiciaire à l'égard de tout dirigeant de droit ou de fait, rémunéré ou non.

2/ Octroi d'un credit inadéquat

Le banquier ne doit pas fournir à son client un crédit dont le montant serait démesuré par rapport aux besoins formulés par l'entreprise venue le solliciter. En effet, le banquier doit mesurer avec discernement les besoins affichés de son client. Dans le cas contraire, le banquier, par son attitude trop généreuse, rendrait difficile la situation financière future de son débiteur, et par là même pourrait être à l'origine de sa faillite. L'inadéquation peut porter sur le montant dudit crédit, comme sur son coût.

Egalement, une fois les fonds débloqués, le banquier doit s'assurer qu'ils ont bien été utilisés conformément à ce qu'avait annoncé le client. En pratique, des fonds empruntés pour l'acquisition d'une machine-outil ne doivent pas servir à faire l'acquisition d'un véhicule ou de tout autre bien. Souvent, le banquier demandera d'ailleurs à verser directement les fonds au vendeur du matériel en question, de manière à ce qu'on ne puisse lui reprocher un quelconque défaut de surveillance.

3/ Financement d'une entreprise dont la santé est irrémédiablement compromise

L'article 60 de la loi bancaire de 1984 permet au banquier de rompre ou de réduire ses concours, et ce sans préavis, quand son client a commis des actions gravement répréhensibles (tenue d'une fausse comptabilité, activité illicite...) ou se trouve dans une situation irrémédiablement compromise. En pratique, la notion de situation irrémédiablement compromise peut être caractérisée, par exemple, par :

– une situation nette négative qui selon toute probabilité ruine l'avenir de l'entreprise, sans espoir de redressement

– la réalisation d'un faisceau d'éléments de nature à rendre la poursuite de l'activité impossible

Cet article laisse faussement supposer que le banquier aurait le choix de rompre ou non ses concours devant une telle situation. En pratique, sa responsabilité, s'il continuait à soutenir son client, pourrait être engagée.

Il faut signaler que les banques organisent parfois des "montages" particuliers. Pour éviter d'octroyer un concours à une entreprise en situation difficile (a priori pas encore en situation totalement compromise, bien que souvent, il soit très délicat d'apprécier le caractère définitif de ses difficultés), un concours est accordé au dirigeant de l'entreprise, à titre personnel, et celui-ci réinjecte la somme empruntée en compte courant. De ce fait, la banque n'est pas considérée en position de soutien abusif.

3/ Soutien d'une activité interdite

Le banquier engage sa responsabilité s'il octroie des concours ou même est un simple teneur de compte d'une personne morale ou physique qui se livre à une activité illicite (trafic de produits stupéfiants par exemple).

4/ Rupture abusive de concours

La banque pourrait se voir reprocher la rupture de ses concours (ou leur réduction) si elle ne se conformait pas aux dispositions précises de l'article 60 de la loi bancaire de 1984. Un préavis est en effet nécessaire avant toute rupture (sauf, comme on l'a précisé, en cas de comportement gravement répréhensible du client ou de situation irrémédiablement compromise). Ce préavis doit être fixé lors de l'octroi du concours. En pratique il est souvent de 60 jours pour le découvert et de 30 jours pour l'escompte. Ces deux types de concours étant toujours considérés "à durée indéterminée". En ce qui concerne les crédits "à durée déterminée", leur rupture, c'est à dire la demande de remboursement anticipé de la part de la banque (la déchéance du terme) n'est possible qu'en cas d'inexécution d'une des obligations du débiteur (non-paiement des échéances de remboursement par exemple).

Conséquence de l'erreur de la banque

En pratique, tout créancier qui a subi un préjudice réel et certain causé par une faute ou une erreur de la banque de son débiteur peut donc demander réparation.

BIBLIOGRAPHIE

A côté des quelques articles parus dans la presse financière, peu de manuels traitent du credit-scoring et encore moins du credit management. On remarque notamment :

Altmann E. I., *Financial ratios, discriminant analysis and the prediction of corporate bankruptcy*, Journal of Finance, 1968.

Holder M., Loeb J., Portier G., *Le score de l'entreprise*, Nouvelles Editions Fiduciaires, Paris, 1984.

Colasse B., *L'analyse financière de l'entreprise*, Editions La Découverte, Paris, 1994.

Droit du financement, Editions Lamy, Paris, 1994.

QUIZ

1) Quel doit être le rôle du credit manager dans l'organisation ?
2) A quelle direction est-il préférable qu'il soit rattaché ?
3) Quels rapports doit-il entretenir avec la force de vente ?
4) Quelles sont ses principales sources d'information ?
5) Quels doivent être ses rapports avec les clients de l'entreprise ?
6) Le credit manager peut-il s'opposer à la direction générale ?
7) Qu'est-ce qu'une fonction de credit-scoring ?
8) Quels sont les principaux critères quantitatifs à retenir ?
9) Pourquoi le credit-scoring doit-il intégrer de nouveaux critères plus qualitatifs ?
10) Quelles sont les limites de l'utilisation d'un système de scoring ?
11) Qu'est-ce qu'une grille de lecture de score ?
12) En quoi le credit-scoring peut-il être considéré comme un instrument de délégation ?
13) En quoi l'affacturage peut-il être une source d'économies ?
14) Quel secteur d'activité ne se prête pas à cette technique ?
15) Quels sont les moyens de paiement utilisés en France ?
16) Quels sont les moyens de paiement utilisés avec l'étranger ?

17) Comment obtenir une injonction de payer ?
18) Qu'est-ce que le référé-provision ?
19) Qu'est-ce que l'assignation au fond ?
20) Comment prouver l'existence d'une créance ?

Le lecteur trouvera des éléments de réponse en se reportant aux parties suivantes :

1) Chapitre I, 1.2.
2) Chapitre I, 2.2.2.
3) Chapitre I, 3.2.3.
4) Chapitre I, 3.2.
5) Chapitre I, 3.2.3.
6) Chapitre I, 2.2.2.
7) Chapitre II, 1.1.1.
8) Chapitre II, 2.2.1.
9) Chapitre II, 2.2.2.
10) Chapitre II, 1.2.2.
11) Chapitre II, 1.1.2.
12) Chapitre II, 1.2.1.
13) Chapitre III, 1.2.
14) Chapitre III, 1.2.
15) Chapitre III, 3.1.1.
16) Chapitre III, 3.1.2.
17) 18) 19) 20) Chapitre III, 3.2.2.

TABLE DES MATIÈRES

Réalisé en P.A.O. par STDI - Zone artisanale - 53110 LASSAY-LES-CHATEAUX
Imprimé en France. - JOUVE, 18, rue Saint-Denis, 75001 PARIS
N° 230651J. - Dépôt légal : Octobre 1995